Kauderwelsch
Band 20

© YSH/FH

Impressum

Yan Sharon Hammes & Frank Hammes
Kantonesisch — Wort für Wort
erschienen im
REISE KNOW-HOW Verlag Peter Rump GmbH
Osnabrücker Str. 79, D-33649 Bielefeld
info@reise-know-how.de

Bearbeitung	Michael Blümke
Layout	Matthias Hahn
Layout-Konzept	Günter Pawlak, FaktorZwo! Bielefeld
Umschlag	Peter Rump (Cover-Foto: Claudiozacc@Fotolia.com)
Kartographie	Iain Macneish
Fotos	Fotografen@Dreamstime.com, Fotografen@Fotolia.com, die Autoren (YSH/FH)
Druck und Bindung	Werbedruck GmbH Horst Schreckhase, Spangenberg

ISBN 3-89416-099-9
Printed in Germany

Dieses Buch ist erhältlich in jeder Buchhandlung Deutschlands, Österreichs, der Schweiz und der Benelux-Staaten. Bitte informieren Sie Ihren Buchhändler über folgende Bezugsadressen:

Deutschland	Prolit GmbH, Postfach 9, 35461 Fernwald (Annerod) sowie alle Barsortimente
Schweiz	AVA-buch 2000, Postfach 27, CH-8910 Affoltern
Österreich	Mohr Morawa Buchvertrieb GmbH, Sulzengasse 2, A-1230 Wien
Belgien & Niederlande	Willems Adventure, www.willemsadventure.nl

direkt Wer im Buchhandel kein Glück hat, bekommt unsere Bücher zuzüglich Porto- und Verpackungskosten auch direkt über unseren Internet-Shop: ***www.reise-know-how.de***
Zu diesem Buch ist ein **AusspracheTrainer** erhältlich, auf **Audio-CD** in jeder Buchhandlung Deutschlands, Österreichs, der Schweiz und der Benelux-Staaten.
Der Verlag möchte die **Reihe Kauderwelsch** weiter ausbauen und **sucht Autoren**!
Mehr Informationen finden Sie unter
www.reise-know-how.de/rkh_mitarbeit.php

Kauderwelsch

Yan Sharon Hammes
& Frank Hammes

Kantonesisch
Wort für Wort

REISE KNOW-HOW
im Internet
www.reise-know-how.de
info@reise-know-how.de

*Aktuelle Reisetipps
und Neuigkeiten,
Ergänzungen nach
Redaktionsschluss,
Büchershop und
Sonderangebote
rund ums Reisen*

Kauderwelsch-Sprechführer sind anders!

Warum? Weil sie Sie in die Lage versetzen, wirklich zu sprechen und die Leute zu verstehen.

Wie wird das gemacht? Abgesehen von dem, was jedes Sprachbuch bietet, nämlich Vokabeln, Beispielsätze etc., zeichnen sich die Bände der Kauderwelsch-Reihe durch folgende Besonderheiten aus:

Die **Grammatik** wird in einfacher Sprache so weit erklärt, dass es möglich wird, ohne viel Paukerei mit dem Sprechen zu beginnen, wenn auch nicht gerade druckreif.

Alle Beispielsätze werden doppelt ins Deutsche übertragen: zum einen **Wort-für-Wort**, zum anderen in „ordentliches" Hochdeutsch. So wird das fremde Sprachsystem sehr gut durchschaubar. Denn in einer fremden Sprache unterscheiden sich z. B. Satzbau und Ausdrucksweise recht stark vom Deutschen. Ohne diese Übersetzungsart ist es so gut wie unmöglich, schnell einzelne Wörter in einem Satz auszutauschen.

Die **Autorinnen** und **Autoren** der Reihe sind Globetrotter, die die Sprache im Land selbst gelernt haben. Sie wissen daher genau, wie und was die Leute auf der Straße sprechen. Deren Ausdrucksweise ist nämlich häufig viel einfacher und direkter als z. B. die Sprache der Literatur oder des Fernsehens.

Besonders wichtig sind im Reiseland **Körpersprache, Gesten, Zeichen** und **Verhaltensregeln**, ohne die auch Sprachkundige kaum mit Menschen in guten Kontakt kommen. In allen Bänden der Kauderwelsch-Reihe wird darum besonders auf diese Art der nonverbalen Kommunikation eingegangen.

Kauderwelsch-Sprechführer sind keine Lehrbücher, aber viel mehr als Sprachführer! Wenn Sie ein wenig Zeit investieren und einige Vokabeln lernen, werden Sie mit ihrer Hilfe in kürzester Zeit schon Informationen bekommen und Erfahrungen machen, die „sprachlosen" Reisenden verborgen bleiben.

Inhalt

Grammatik

Konversation

Anhang

Vorwort

Der enorme wirtschaftliche Aufschwung der Volksrepublik China zeigte sich zuerst im Süden des Landes. Vor allem die Provinz Guangdong mit ihren Wirtschaftssonderzonen hatte schon lange vor dem Rest Chinas gewaltige Wachstumsraten. Händler und Investoren aus aller Welt entdeckten alsbald die Region als Markt der Zukunft. Auch auf Touristen wirkt der Boom bis heute anziehend. Hongkong, die benachbarte Handelsmetropole, Inbegriff des pulsierenden Lebens und der Betriebsamkeit, ist ohnehin seit jeher ein Magnet für Weltenbummler.

Mit der wachsenden Bedeutung der gesamten Region gewinnt zweifellos auch die dortige Sprache – das Kantonesische – an Gewicht. Es ist die Muttersprache sowohl der Menschen in Guangdong mit der Hauptstadt Kanton als auch der Hongkong- und der Macau-Chinesen. Wo immer man touristisch oder beruflich unterwegs ist: Kenntnisse der Sprache des jeweiligen Landes oder der Region eröffnen einem als Fremden viel leichter den Zugang zu Menschen und Kultur des Gastlandes. Gerade auch die Menschen im kantonesischen Sprachraum werden Ihnen stets mit Anerkennung und Respekt begegnen bei dem Versuch, ihre Sprache zu sprechen – und seien die Resultate auch noch so unvollkommen.

Hinweise zur Benutzung

Der vorliegende Sprechführer soll keinen vollständigen Überblick über das Kantonesische vermitteln. Vielmehr geht es darum, zunächst die Grundzüge der Grammatik zu erklären. Der sich anschließende Konversationsteil enthält hilfreiche Beispielsätze für verschiedene Alltagssituationen, ergänzt um allgemeine Informationen zu „Land und Leuten". Darüber hinaus soll der Sprechführer als Anregung dienen, mittels der erworbenen Grammatikkenntnisse und der angegebenen Vokabeln eigenständig einfache Sätze zu bilden und anzuwenden.

Wort-für-Wort-Übersetzung

Das Kantonesische hat wie jede Sprache einen typischen Satzbau. Um zu verdeutlichen, wie sich die Reihenfolge der Wörter vom Deutschen unterscheidet und um die Bildung des Originals nachvollziehen zu können, wird eine Wort-für-Wort-Übersetzung verwendet. Sie steht – in *kursiver* Schrift – zwischen dem kantonesischen Original und der korrekten deutschen Übersetzung. In der Wort-für-Wort-Übersetzung werden keine Satzzeichen benutzt.

Viele Wörter im Kantonesischen bestehen aus zwei oder mehreren Silben. In der Wort-für-Wort-Übersetzung werden nur diejenigen

Kauderwelsch AusspracheTrainer

Falls Sie sich die wichtigsten kantonesischen Sätze, die in diesem Buch vorkommen, einmal von einer Einheimischen gesprochen anhören möchten, kann Ihnen Ihre Buchhandlung den AusspracheTrainer (Audio-CD) zu diesem Buch besorgen. Sie bekommen ihn auch über unseren Internetshop www.reise-know-how.de Der AusspracheTrainer steht dort auch als MP3-Download zur Verfügung. Alle Sätze, die Sie auf dem AusspracheTrainer hören können, sind in diesem Buch mit einem ♪ gekennzeichnet.

Silben übersetzt, die auch alleinstehend eine eigenständige Bedeutung haben und deren Übersetzung im jeweiligen Zusammenhang einen Sinn ergibt.

Beispiel für die Wort-für-Wort-Übersetzung jeder Silbe:

kantonesische Lautschrift:	**Ngo⁵ hei⁶ Deg¹-guog³ yen⁴.**
Wort-für-Wort-Übersetzung:	*ich sein deutsch-Land Mensch*
deutsche Übersetzung:	Ich bin Deutsche(r).

Wenn zwei oder mehreren kantonesischen Silben nur ein deutsches Wort in der Wort-für-Wort-Übersetzung entspricht, werden die Silben zur besseren Übersicht mit Bindestrichen verbunden. Umgekehrt gilt dasselbe.

Ngo⁵ hog⁶ Guong²-zeo¹ wa⁶.
ich lernen Kanton Rede
Ich lerne Kantonesisch.

Ngo⁵ ju⁶ hei² Deg¹-guog³.
ich wohnen sich-befinden deutsch-Land
Ich wohne in Deutschland.

Umschlagklappe

Die Umschlagklappe hilft, die wichtigsten Sätze und Formulierungen stets parat zu haben. Hier finden sich außerdem die wichtigsten Angaben zur Aussprache und die Abkürzungen, die in der Wort-für-Wort-Überset-

Seitenzahlen
Um Ihnen den Umgang mit den Zahlen zu erleichtern, wird auf jeder Seite die Seitenzahl auch auf Kantonesisch angegeben!

zung und in den Wörterlisten verwendet werden; weiterhin eine kleine Liste der wichtigsten Fragewörter, Partikeln, Richtungs- und Zeitangaben.

Aufgeklappt ist der Umschlag eine wesentliche Erleichterung, da nun die gewünschte Satzkonstruktion mit dem entsprechenden Vokabular aus den einzelnen Kapiteln kombiniert werden kann.

Wenn alles nicht mehr weiterhilft, dann ist vielleicht das Kapitel „Nichts verstanden? Weiterlernen!" der richtige Tipp. Es befindet sich ebenfalls im Umschlag, stets bereit, mit der richtigen Formulierung auszuhelfen.

Allen Lesern wünschen wir bei dem Abenteuer, in einen ganz anderen Sprach- und Kulturkreis einzutauchen, viel Spaß und Erfolg! Für Anregungen und Verbesserungsvorschläge sind wir immer dankbar.

Yan Sharon Hammes und Frank Hammes

Das Kantonesische

Kantonesisch (Yue) ist die Muttersprache der Menschen in der südchinesischen Provinz Guangdong und im benachbarten Hongkong, dazu noch in Macau. Die Provinzhauptstadt Guangdongs ist die Millionenmetropole Guangzhou, im Westen eher unter dem Namen Kanton bekannt. Von daher rührt auch der Name der Sprache.

Beim Kantonesischen handelt es sich um einen der acht regionalen Hauptdialekte in der VR China. Sie alle existieren neben dem offiziellen Hoch-Chinesisch (Mandarin), das als verbindendes Glied in ganz China über Schulunterricht und Medien verbreitet wird und auf dem nordchinesischen Dialekt basiert.

Hinter dem Begriff „Dialekt" steckt nun etwas anderes als das, was wir uns in der Regel darunter vorstellen. Wenn sich z. B. ein Bayer und ein Berliner in ihrem jeweiligen Dialekt unterhalten, werden sie sich – vielleicht mit Schwierigkeiten verbunden – wohl doch gegenseitig verstehen. Wollte aber ein Kantonese in seinem Dialekt mit einem Nordchinesen sprechen, wäre eine Verständigung völlig unmöglich. Der Grund dafür ist schlichtweg folgender: Die regionalen Dialekte in der VR China haben zwar dieselben Schriftzeichen als gemeinsame Basis; diese Schriftzeichen werden jedoch von Region zu Region voll-

Seit einiger Zeit betrachten daher viele (nicht-chinesische) Linguisten die Groß-dialekte Chinas als eigenständige Sprachen, die zur soge-nannten „sinitischen" Unterfamilie der sino-tibetischen Sprach-familie zusammen-gefasst werden. Diese Sichtweise wird aller-dings von vielen Chinesen nicht geteilt, weil man sich ethnisch, kulturell und historisch als ein Volk (die Han-Nation) empfindet. Andererseits sind die Unterschiede zwischen den sinitischen Sprachen bzw. Dialekten mindestens so groß wie zwischen den romanischen Sprachen in Europa.

kommen unterschiedlich ausgesprochen. Für den Nordchinesen, um auf unser Beispiel zu-rückzukommen, ist das Kantonesische also gewissermaßen wie eine Fremdsprache.

Im kantonesischen Sprachraum – wie auch in anderen Regionen – erwerben die Men-schen ihren Dialekt von Kindheit an nur über das Elternhaus und durch sonstige Kontakte im Alltag. Sprachunterricht in der Schule fin-det nur für das allgemein verbindliche Hoch-Chinesisch statt.

Was die Grammatik betrifft, gibt es zwi-schen dem Kantonesischen und etwa dem Hoch-Chinesischen keine gravierenden Un-terschiede.

Die kantonesische Grammatik ist im Ver-gleich zu europäischen Sprachen relativ ein-fach. So ist beispielsweise die Beugung von Hauptwörtern, Verben und anderen Wortar-ten unbekannt, d. h. sie werden nie verändert. Demgegenüber sind die Laute und Töne aber der schwierige Teil der Sprache.

Zum Abschluss soll noch auf einen Punkt hingewiesen werden, der das Kantonesische neben der schon erwähnten Aussprache von den anderen Dialekten und vom Hoch-Chi-nesischen abgrenzt: Für eine ganze Reihe von Dingen und Sachverhalten werden im Kanto-nesischen andere Wörter benutzt als z. B. im Hoch-Chinesischen. Und dies hat einen deut-lichen Einfluss auf den Charakter der Spra-che. Wer sich etwas intensiver mit dem Kan-tonesischen befasst, dem wird die sehr direkte, ungezwungene, ja heiter-humorvolle Ausdrucksweise auffallen. So ist z. B. der „Dieb" – wie sollte es anders sein – ein „Portemonnaie-Freund", der „große Zeh" der „Zeh-Großvater", der „Gärtner" der „Blumen-König".

In diesem Sprechführer werden nur die offiziellen chinesischen Schriftzeichen benutzt. Darüber hinaus gibt es zwar noch einige kantonesische Sonderzeichen; man findet sie aber höchstens einmal in Privatbriefen, niemals in Büchern, Zeitungen usw. Deshalb wurde auf die Verwendung dieser Sonderzeichen verzichtet.

Die Schrift

Die chinesische Schrift ist eine Zeichen- und Bilderschrift. Die Zeichen werden zwar je nach Dialekt unterschiedlich ausgesprochen, ihre Bedeutung ist jedoch überall, also auch im kantonesischen Sprachraum, dieselbe.

Die Ursprünge der chinesischen Schrift lassen sich bis ins 2. Jahrtausend v.Chr. zurückverfolgen. Damals handelte es sich noch um ganz konkrete Bildzeichen, deren Bedeutung man „mit bloßem Auge" erkennen konnte. Sie wurden u.a. auf Tierknochen sowie Ton- und Bronzegefäßen gefunden. Im Laufe der Zeit entstanden etwa 50.000 Schriftzeichen. Da-

Und da sich die Grammatik und damit die Reihenfolge der Wörter im Satz kaum unterscheidet, kann man so auch ganze Sätze aus unterschiedlichen Dialekten mit denselben Schriftzeichen wiedergeben.

von sind heute allerdings nur noch 5000 bis 7000 in Gebrauch, für den Alltag reicht die Kenntnis von ca. 3000 Schriftzeichen. Jedes dieser Zeichen steht für eine Silbe, von denen fast jede eine in sich abgeschlossene Bedeutung hat. Eine Silbe stellt aber nur in den seltensten Fällen ein selbständiges Wort dar. Die meisten Wörter bestehen aus zwei Silben.

Da man den chinesischen Schriftzeichen nicht ansieht, wie sie ausgesprochen werden, existiert für das Hoch-Chinesische die lateinische Lautschrift „hanyu pinyin". Sie wird an allen chinesischen Schulen unterrichtet und ist die offiziell anerkannte Umschrift der VR China. Für den kantonesischen Dialekt wurde 1960 von der Ausbildungs- und Verwaltungsabteilung der Provinz Guangdong eine offizielle kantonesische Lautschrift herausgegeben. Im vorliegenden Kauderwelsch-Band „Kantonesisch" wird diese Lautschrift verwendet.

Nach der chinesischen Tradition der Sprachbeschreibung werden die Mitlaute am Silbenende den Vokalen zugeordnet, da sie mit diesen eine strukturelle Einheit bilden. Dieser Tradition folgt auch unsere Tabelle.

Abschließend noch eine Anmerkung zur folgenden Tabelle: In der ersten Spalte sind, gegliedert in Vokale und Konsonanten, die Laute der kantonesischen Umschrift aufgelistet. Die Aussprache dieser Laute wird in Spalte 2 erklärt. Spalte 3 enthält Beispielwörter mit den jeweiligen Lauten. Die Bedeutung der in dieser Spalte vorkommenden hochgestellten Zahlen (1-6) wird im darauffolgenden Kapitel „Die Töne" erläutert.

Lautschrift und Aussprache

Vokale (einschl. Konsonanten im Silbenauslaut)		
Lautschrift	**Aussprache**	**Beispiel**
a	wie a in „V<u>a</u>ter"	**ma**[1] (Mutter)
ab / eb	wie kurzes a in „L<u>a</u>nd";	**ab**[3] (Ente) / **geb**[1] (dringend)
ad / ed	b, d und g werden	**lad**[6] (scharf) /
ag / eg	dabei nur leicht	**bed**[1] (Schreibzeug)
	angedeutet	**zag**[3] (eng) / **heg**[1] (Gramm)
ao / eo	wie au in „H<u>au</u>t"	**bao**[2] (satt)/
		zeo[2] (verlassen)
ei	wie ei in „f<u>ei</u>n"	**sei**[3] (klein)
em	wie „am"	**yem**[2] (trinken)
en	wie „an"	**yen**[4] (Mensch)
eng	wie ang in „G<u>a</u>ng"	**deng**[1] (Licht)
i	wie i in „L<u>i</u>d"	**ji**[2] (Papier)
ib	i wie bei „L<u>i</u>ppe";	**yib**[6] (Blatt)
id	b, d und g werden nur	**yid**[6] (heiß)
ig	leicht angedeutet	**xig**[6] (essen)
iu	i + u	**yiu**[3] (mögen)
o	o wie in „K<u>o</u>ch";	**go**[1] (Lied)
od	d und g werden nur	**god**[3] (schneiden)
og	leicht angedeutet	**hog**[6] (lernen)
ou	o wie in „K<u>o</u>ch" + u	**hou**[2] (gut)
u	wie u in „s<u>u</u>chen"	**fu**[3] (Hose)
ud	wie u in „M<u>u</u>tter";	**fud**[3] (breit)
ug	d und g nur angedeutet	**mug**[6] (Holz)
ui	wie u in „M<u>u</u>tter" + i	**wui**[5] (können)
ü	wie ü in „k<u>ü</u>hl";	**yu**[4] (Fisch)*
üd	d nur leicht angedeutet	**yud**[6] (Monat)*
		hüd[3] (Blut)

ün	wie ün in „Mündung"	**yun⁵** (weit)*/**dün²** (kurz)
ê	wie ö in „öffnen";	**hê¹** (Stiefel)
êd	d und g werden nur	**cêd¹-ging²** (Ausreise)
êg	leicht angedeutet	**zêg³** (Vogel)
ên	wie ö in „öffnen" +	**sên³** (Brief)
êng	n(g)	**hêng¹** (Duft)
êu	wie ö in „öffnen" + ü	**sêu²** (Wasser)
é	wie kurzes e in „messen";	**cé¹** (Auto)
ég	g nur leicht angedeutet	**cég³** (Lineal)
éi	wie kurzes e in	**féi⁴** (dick)
éng	„messen" + i bzw. + ng	**géng³** (Spiegel)

© Franck Lavoyer@Fotolia.com

* Das **ü** wird **u** geschrieben, wenn es auf **j**, **q**, **x**, **y** folgt. Die Aussprache bleibt jedoch stets „ü".

Die folgenden Silben werden wie im Deutschen ausgesprochen: **ai**, **am**, **an**, **ang**, **im**, **in**, **ing**, **oi**, **on**, **ong**, **un**, **ung**.

Konsonanten		
Lautschrift	**Aussprache**	**Beispiel**
c	wie z	**cé**[1] (Auto)
j	wie d + s	**ju**[6] (wohnen)
q	wie z	**qing**[2] (Bitte)
x	wie s	**xig**[6] (essen)
y	wie j in „Jahr"	**yed**[1] (eins)
z	wie d + s	**zag**[3] (eng)
ng	wie ng in „Gang"	**ngo**[5] (ich)

Die Konsonanten **b**, **d**, **f**, **g**, **h**, **k**, **l**, **m**, **n**, **p**, **s**, **t**, **w**, **ku** werden wie im Deutschen ausgesprochen.

Die Konsonantenpaare **c** / **q**, **z** / **j** und **s** / **x** werden jeweils (fast) gleich ausgesprochen. Sie unterscheiden sich in der Kombination mit den Vokalen: **c**, **z** und **s** kombiniert man mit **a**, **o**, **e**, **ê** und **u** (bzw. den darauf aufbauenden Vokal-Auslaut-Gruppen aus der obigen Tabelle, z. B. **ang** und **ong**); dagegen werden **q**, **j** und **x** mit den Vokalen **i** und **ü** (sowie den entsprechenden Gruppen, z. B. **ing** und **ün**) verbunden. Letztere Konsonanten klingen dadurch etwas weicher als ihre jeweiligen Gegenparts.

*Die „leicht angedeuteten" sogenannten Verschlusslaute **b**, **d**, **g** am Silbenende sind für unsere Ohren oft nicht wahrnehmbar, werden aber dennoch mit ausgesprochen. Der „Trick" dabei ist, dass man mit den Sprechwerkzeugen zwar wie bei unseren entsprechenden Konsonanten einen „Verschluss" erzeugt, diesen Verschluss aber – anders als in europäischen Sprachen – danach nicht mehr wieder löst. Es handelt sich also gewissermaßen um nicht ganz bis zu Ende ausgesprochene, halb „verschluckte" Konsonanten.*

Die Töne

Im Kantonesischen existieren sechs verschiedene Töne. Sie sind untrennbar mit den Silben verbunden. Ein Ton wird, anders als etwa im Hoch-Chinesischen, nicht durch ein entsprechendes Akzentzeichen, sondern durch eine Zahl von 1 bis 6 hinter einer Silbe angezeigt. Bei mehrsilbigen Wörtern können somit unterschiedliche Töne aufeinanderfolgen. Wichtig ist nun, dass die Bedeutung einer Silbe und damit eines Wortes in entscheidender Weise von ihrem Ton abhängt. Das heißt, eine Silbe kann in unterschiedlichen Tonlagen vorkommen und damit automatisch unterschiedliche Bedeutungen annehmen. Hierzu ein anschauliches Beispiel:

xi[1]	Gedicht
xi[2]	Geschichte
xi[3]	probieren
xi[4]	Zeit
xi[5]	Markt
xi[6]	Sache

In der deutschen Sprache spielen Töne hingegen nur eine untergeordnete Rolle. Durch einen bestimmten Tonfall wird z. B. ein Wort lediglich hervorgehoben, nicht aber seine Bedeutung verändert. So etwa im Falle des Wortes „dir" in dem Satz: „Ich möchte mit <u>dir</u> ins Kino gehen (und mit keinem anderen)!"

Die sechs Töne des Kantonesischen lassen sich folgendermaßen charakterisieren:

Der erste Ton hat einen gleichmäßigen, also weder steigenden noch fallenden Verlauf. Die Silbe wird am oberen Ende der natürlichen Stimmlage hoch gesprochen, etwa wie die betonte Silbe „die-" in dem deutschen Satz „Ich möchte dieses Buch (nicht das andere)".

fa¹	Blume
dan¹-cé¹	Fahrrad

Der zweite Ton ist ein steigender Ton. Man trifft den Tonfall sicher am besten, wenn man sich an den betonten deutschen Fragewörtern „wer (kommt zu Besuch)?" oder „was (hast du gesagt)?" orientiert.

hou²	gut
xiu²-zé²	Fräulein

Der dritte Ton hat wieder einen gleichmäßigen Verlauf, im Gegensatz zum ersten Ton allerdings auf der mittleren Ebene der natürlichen Stimmlage.

fu³	Hose
zoi³-gin³	Auf Wiedersehen

Der vierte Ton ist ein fallender Ton. Er ist vergleichbar mit dem Tonfall im Deutschen bei einer Aufforderung: „Komm!".

tim⁴	süß
wong⁴-dei³	Kaiser

Der fünfte Ton ist ein zuerst fallender und dann wieder ansteigender Ton, praktisch also eine Kombination des vierten und zweiten Tons.

lou⁵	alt
yeo⁵-yi⁴	Freundschaft

Der sechste und letzte Ton hat wiederum einen gleichmäßigen Verlauf, in diesem Fall am unteren Ende der natürlichen Stimmlage.

mai⁶	verkaufen
xig⁶-fan⁶	essen

Abschließend noch ein Wort zur Satzmelodie: Im Kantonesischen hat sie einen sehr flachen Verlauf. So wird am Ende eines Aussagesatzes die Stimme nur leicht gesenkt, am Ende einer Frage nur leicht angehoben. Alles andere würde den bedeutungsunterscheidenden „natürlichen" Tönen der Wörter in die Quere kommen.

Sicherlich ist es beim Erlernen des Kantonesischen mit am schwierigsten, bei sechs verschiedenen, stetig aufeinanderfolgenden Tönen immer den richtigen zu treffen. Wegen der grundlegenden Bedeutung der Töne sollten Sie aber versuchen, diese zu beachten und sie auch bewusst deutlich auszusprechen. Dies erleichtert die Verständigung ungemein.

Wörter, die weiterhelfen

Wo ist ...?

请问...	... 在哪里?
Qing² men⁶ ...	**... hei² bin¹-dou⁶ a¹?**
bitte fragen ...	*... sich-befinden wo FP*
Eine Frage bitte ...	Wo ist ... ?

yêg⁶ fong⁴	Apotheke	药房
fo² cé¹ zam⁶	Bahnhof	火车站
ngen⁴-hong⁴	Bank	银行
ba¹-xi⁶ zam⁶	Bushaltestelle	巴士站
géi¹-cêng⁴	Flughafen	机场
lêu⁵-dim³	Hotel (einfach)	旅馆
zeo²-dim³	Hotel (besser)	酒店
ling⁵-xi⁶-gun²	Konsulat	领事馆
yi¹-yun²	Krankenhaus	医院
ging²-cad³-gug⁶	Polizeistation	警察局
yeo⁴-gug⁶	Postamt	邮局
fan⁶-dim³	Restaurant (einfach)	饭店
zeo²-ga¹	Restaurant (besser)	酒家
dig¹-xi⁶ zam⁶	Taxistand	的士站
din⁶-wa⁶-ting⁴	Telefonzelle	电话亭
déi⁶-tid³ zam⁶	U-Bahnstation	地铁站

Gibt es ...? / Haben Sie ...?

有没有...?	你有没有...?
Yeo⁵ mou⁵ ... né¹?	**Néi⁵ yeo⁵ mou⁵ ... a¹?**
haben nicht-haben ... FP	*du haben nicht-haben ... FP*
Gibt es ... ?	Hast du / Haben Sie ... ?

In die beiden vorhergehenden Satzkonstruktionen setzt man einfach das Wort ein, das gerade erfragt wird. Die Antworten auf beide Fragen lauten:

有.　　没有.
Yeo⁵.　Mou⁵.
haben　nicht-haben
Ja.　　Nein.

Wieviel kostet ...?

. . . 多少钱?
... géi²-do¹ qin⁴ a¹?
... wieviel Geld FP
Wieviel kostet ... ?

ni¹ gin⁶ sam¹	diese(s) Bluse / Hemd
ni¹ zêng¹ cé¹ piu³	diese Fahrkarte
ni¹ zêng¹ xun⁴ piu³	diese Schiffkarte
ni¹ dêu³ hai⁴	diese Schuhe
ni¹ gan¹ fong⁴	dieses Zimmer

Do¹ zé⁶! | **M⁴-goi¹!** | **Zoi³ gin³!**
viel Dank | *danken* | *wieder sehen*
Vielen Dank! | Danke! | Auf Wiedersehen!
　(bei Geschenken usw.) | 　(bei Hilfeleistungen) |

Der schwierige Teil der kantonesischen Sprache ist die Aussprache. Die Grammatik dagegen ist glücklicherweise recht einfach.

Kantonesisch kommt ganz ohne die Beugung von Haupt-, Tätigkeits- und Eigenschaftswörtern usw. aus. Ebensowenig gibt es bestimmte und unbestimmte Artikel (der / die / das, eine / ein). Um also Vergangenheit und Zukunft, Einzahl und Mehrzahl usw. auszudrücken – wozu man im Deutschen Wörter verändern muss –, stützt sich das Kantonesische auf zwei andere Methoden: Zum einen wird die exakte Bedeutung eines Satzes häufig nur aus dem Kontext hergeleitet. Zum anderen werden auch zusätzliche Wörter oder Silben in einen Satz eingefügt, um „grammatische Kategorien" zum Ausdruck zu bringen: z. B. die Wörter „morgen", „nächstes Jahr" usw. zur Kennzeichnung der Zukunft. Eine herausragende Stellung nehmen hierbei die sog. Partikeln ein. Es handelt sich dabei um Silben, die keine eigenständige Bedeutung haben, sondern lediglich eine bestimmte Funktion erfüllen. So wird z. B. durch die Hinzufügung von Partikeln die Vergangenheit ausgedrückt oder eine Frage konstruiert. Typisch für das Kantonesische ist die besondere Vielzahl von Partikeln, auch im Vergleich zum Hoch-Chinesischen. Die häufigsten Partikeln werden im Grammatikteil erläutert. In den Wort-für-Wort-Übersetzungen werden sie in der Regel mit „P" abgekürzt.

Hauptwörter (Substantive)

Die Hauptwörter sind im Kantonesischen unveränderlich. Zum einen gibt es weder grammatisches Geschlecht (männlich, weiblich, sächlich) noch Artikel (der, die, …), weiterhin existiert auch keine Beugung von Hauptwörtern („des Menschen", „dem Menschen"). Und schließlich kennt das Kantonesische auch keine Mehrzahlform.

yen⁴	Mensch, ein Mensch, der Mensch, Menschen, die Menschen
wa²	Bild, ein Bild, das Bild, Bilder, die Bilder

Die jeweilige konkrete Bedeutung ergibt sich somit nur aus dem Gesamtzusammenhang eines Satzes oder Textes.

Persönliche Fürwörter

我	**ngo⁵**	ich
你	**néi⁵**	du / Sie
他　她　它	**kéu⁵**	er / sie / es
我们	**ngo⁵déi⁶**	wir
你们	**néi⁵déi⁶**	ihr / Sie
他们/她们/它们	**kéu⁵déi⁶**	sie (Mz)

Im Kantonesischen gibt es nur eine Form der Anrede, nämlich die mit **néi⁵** (im Plural **néi⁵déi⁶**). Anders als im Deutschen unterscheidet man nicht zwischen einer „Du"- und „Sie"-Form. In den Wort-für-Wort-Übersetzungen wird **néi⁵** jedoch der Einfachheit halber durchgängig nur mit „du" übersetzt. Bei der korrekten deutschen Übersetzung ist es dann situationsabhängig, ob die „Du"- oder die „Sie"-Form oder beide verwendet werden.

Das unpersönliche „es"

Satzkonstruktionen mit dem deutschen unpersönlichen „es" (z. B. es gibt ...) werden im Kantonesischen nicht gebildet. Man benutzt lediglich das entsprechende Verb:

Yeo⁵ ...	**Mou⁵ ...**
haben ...	*nicht-haben ...*
Es gibt...	Es gibt nichts / kein...
Log⁶-yu⁵.	**M⁴ log⁶-yu⁵.**
regnen	*nicht regnen*
Es regnet.	Es regnet nicht.
Log⁶-xud³.	**M⁴ log⁶-xud³.**
schneien	*nicht schneien*
Es schneit.	Es schneit nicht.

Besitzanzeigende Fürwörter

Zur Bildung der besitzanzeigenden Fürwörter wird einfach die Partikel **gé³** an die persönlichen Fürwörter angehängt.

我的	**ngo⁵-gé³**	mein
你的	**néi⁵-gé³**	dein / Ihr
他的 她的	**kéu⁵-gé³**	sein, ihr
我们的	**ngo⁵déi⁶-gé³**	unser
你们的	**néi⁵déi⁶-gé³**	euer / Ihr
他们的 她们的	**kéu⁵déi⁶-gé³**	ihr

ngo⁵-gé³ cé¹   **néi⁵-gé³ dan¹-cé¹**
mein Auto   *dein/Ihr Fahrrad*
mein Auto   dein / Ihr Fahrrad

© Kawing921@Dreamstime.com

Eigenschaftswörter (Adjektive)

Das Eigenschaftswort steht im Kantonesischen immer vor dem Hauptwort, das näher beschrieben werden soll. Es heißt also:

léng³ wa²	*schön Bild*	schönes Bild
sen¹ sam¹	*neu Kleidung*	neue Kleidung
yid⁶ sêu²	*heiß Wasser*	heißes Wasser

Ist das genauer zu bestimmende Hauptwort zwei- oder mehrsilbig, wird an das davorstehende Eigenschaftswort die Partikel **gé³** angehängt. Es handelt sich dabei um eines der sog. Funktionswörter (vgl. die Einleitung zur Grammatik):

hung⁴-xig¹-gé³ dan¹-cé¹   **sen¹-xin¹-gé³ seng¹-guo²**
rot-P Fahrrad   *neu-frisch-P Obst*
rotes Fahrrad   frisches Obst

Wenn das Hauptwort nur einsilbig ist, wird das entsprechende Eigenschaftswort meistens ohne die Partikel benutzt, z. B.:

sen¹ cé¹   *neu Auto*   ein neues Auto

Soll aber besonders hervorgehoben werden, dass es sich z. B. um ein neues und kein gebrauchtes Auto handelt, dann heißt es trotz einsilbigem Hauptwort:

sen¹-gé³ cé¹   *neu-P Auto*   ein neues(!) Auto

Die Eigenschaftswörter können natürlich auch selbst genauer bestimmt werden, etwa durch die Zusätze **hou²** (sehr) oder **m⁴** (nicht):

hou² dai⁶	*sehr groß*	sehr groß
m⁴ dai⁶	*nicht groß*	nicht groß
hou² léng³	*sehr schön*	sehr schön
m⁴ léng³	*nicht schön*	nicht schön

Eigenschaftswörter (Adjektive)

Liste wichtiger Eigenschaftswörter

hou²	gut	**wai⁶**	schlecht
dai⁶	groß	**sei³**	klein
do¹	viel	**xiu²**	wenig
nin⁴-qing¹	jung (Pers.)	**lou⁵**	alt (Pers.)
sen¹	neu (Dinge)	**geo⁶**	alt (Dinge)
nün⁵	warm	**lang⁵**	kühl
ken⁵	nah	**yun⁵**	weit
léng³	schön / hübsch	**ceo²**	hässlich
yid⁶	heiß	**dung³**	kalt
tim⁴	süß	**xun¹**	sauer
gin⁶-hong¹	gesund	**béng⁶**	krank
bao²	satt	**ngo⁶**	hungrig
péng⁴	billig	**guei³**	teuer
fu³	reich	**kung⁴**	arm
kêng⁴	stark	**yêg⁶**	schwach
nan⁴	schwierig	**gan²-dan¹**	einfach
héng¹	leicht (Gewicht)	**cung⁵**	schwer (Gewicht)
mun⁵	voll	**hung¹**	leer
gon¹-zéng⁶	sauber	**wu¹-zou¹**	schmutzig
fai³	schnell	**man⁶**	langsam
guong¹	hell	**em³**	dunkel
seo³	dünn (Personen)	**féi⁴**	dick (Personen)
bog⁶	dünn (Dinge)	**heo⁵**	dick (Dinge)
cêng⁴	lang	**dün²**	kurz
fud³	breit	**zag³**	eng
hung⁴-xig¹	rot	**lam⁴-xig¹**	blau
wong⁴-xig¹	gelb	**lug⁶-xig¹**	grün
bag⁶-xig¹	weiß	**heg¹-xig¹**	schwarz
cang⁴-xig¹	orange	**zung¹-xig¹**	braun
coi²-xig¹	bunt	**xig¹**	Farbe

Das Verb „sein" / Sätze ohne Verben

Eigenschaftswörter als Satzergänzung

Sätze, die im Deutschen das Hilfsverb „sein" sowie ein Eigenschaftswort als Satzergänzung enthalten, können im Kantonesischen auf zweierlei Weise gebildet werden. Entweder wird das Wort **hei**[6] (sein) benutzt, oder das Verb wird ganz weggelassen. In der deutschen Übersetzung gibt es dafür keinen Unterschied.

Normalerweise wird das Wort **hei**[6] verwendet, wenn das Eigenschaftswort besonders betont werden soll oder wenn es sich um eine Farbangabe handelt, z. B.:

Satzgegenstand	Satzaussage (hei[6] „sein")	Satzergänzung (Eigenschaftswort)
Kéu[5]	**hei**[6]	**léng**[3].
sie	*sein*	*hübsch*
Sie	ist	hübsch.
Tin[1]	**hei**[6]	**lam**[4]-**xig**[1].
Himmel	*sein*	*blau*
Der Himmel	ist	blau.

Sobald jedoch das Wort **hou**[2] (sehr) vor das Eigenschaftswort gesetzt wird, entfällt das Verb **hei**[6], z. B.:

Kéu[5] **hou**[2] **léng**[3].
sie sehr hübsch
Sie ist sehr hübsch.

Beispiele für Sätze ohne **hei[6]**:

Satzgegenstand	Satzergänzung (Eigenschaftswort)
Tin[1]-héi[3]	**hou[2].**
Wetter	*gut*
Das Wetter	ist gut.
Seng[1]-guo[2]	**sen[1]-xin[1].**
Obst	*neu-frisch*
Das Obst	ist frisch.

Hauptwörter als Satzergänzung

Im Deutschen gibt es Sätze mit dem Hilfsverb „haben" plus Hauptwort als Satzergänzung, die nicht im Sinne von „besitzen" interpretiert werden können. Im Kantonesischen werden solche Sätze ohne Verb gebildet, z. B.:

*„Haben" im Sinne von „besitzen" erfordert auch im Kantonesischen ein Verb, nämlich **yeo[5]**, und in verneinter Form („nicht haben") **mou[5]** (vgl. S. 23).*

Satzgegenstand	Satzergänzung (Hauptwort)
Ngo[5]	**fad[3]-xiu[1].**
ich	*Fieber*
Ich	habe Fieber.
Kéu[5]	**teo[4] tung[3].**
er/sie	*Kopf Schmerzen*
Er / Sie	hat Kopfschmerzen.

Dient ein Hauptwort als Satzergänzung zum Verb „sein" (in dem Sinne „X ist ein Y"), wird auch im Kantonesischen das entsprechende Verb verwendet, nämlich **hei[6]**:

Satzgegenstand	Satzaussage	Satzergänzung (Hauptwort)
Ngo⁵déi⁶	**hei⁶**	**yeo⁴-hag³.**
wir	*sein*	*Touristen*
Wir	sind	Touristen.
Kéu⁵	**hei⁶**	**dai⁶-hog⁶-seng¹.**
er/sie	*sein*	*Student*
Er / Sie	ist	Student/in.

Vollverben

Die Verben werden im Kantonesischen nicht verändert. Anders als im Deutschen (ich spreche, du sprichst, er spricht usw.) werden sie also nicht gebeugt. Im Kantonesischen heißt es schlicht:

gong² (sprechen)		
ngo⁵ gong²	*ich sprechen*	ich spreche
néi⁵ gong²	*du sprechen*	du sprichst
kéu⁵ gong²	*er/sie/es sprechen*	er / sie / es spricht
ngo⁵déi⁶ gong²	*wir sprechen*	wir sprechen
néi⁵déi⁶ gong²	*ihr sprechen*	ihr sprecht
kéu⁵déi⁶ gong²	*sie sprechen*	sie sprechen

Kantonesische Verben werden aus einer oder zwei Silben gebildet, z. B. **men⁶** (fragen), **wui⁴-dab³** (antworten). Ein charakteristisches Merkmal ist auch, dass viele Verben mit Hauptwörtern eine Einheit bilden, z. B.:

xig⁶ yin¹	*essen Zigarette*	rauchen
cai² dan¹-cé¹	*treten Fahrrad*	radfahren

Vergangenheit

Die Verben an sich sind, wie erwähnt, unveränderlich. Um die Vergangenheit auszudrücken, hat man im Kantonesischen zwei Möglichkeiten. Die erste besteht darin, die Partikel **-zo²** an das Verb anzuhängen. Ausgedrückt wird damit eine Handlung in der Vergangenheit, die sich noch auf die Gegenwart auswirkt, oder dass etwas eingetreten bzw. vorhanden ist, was vorher noch nicht da war:

Kéu⁵ hêu³-zo² gai¹.
er/sie fortgehen(-Verg.) Straße
Er / Sie ist in die Stadt gegangen.
 (und hält sich immer noch dort auf)

Ngo⁵déi⁶ xig⁶-zo² fan⁶.
wir essen(-Verg.) Essen
Wir haben schon gegessen.
 (und sind immer noch satt)

Hag³-yen⁴ lei⁴-zo².
Gast kommen(-Verg.)
Die Gäste sind gekommen.

Ngo⁵ dong⁶-sed¹-zo² lou⁶.
ich verlieren(-Verg.) Weg
Ich habe mich verlaufen.

Darüber hinaus lässt sich die Vergangenheit durch die Partikel **-guo³** kennzeichnen. In der Regel wird damit ausgedrückt, dass man irgendwann einmal etwas getan, erlebt usw. hat.

Ngo⁵ gung¹-zog³-guo³ séi³-seb⁶ nin⁴.
ich arbeiten(-Verg.) vierzig Jahre
Ich habe vierzig Jahre gearbeitet. (Jetzt bin ich im Ruhestand.)

Kéu⁵ hêu³-guo³ Hêng¹-gong².
er/sie fahren(-Verg.) Duft-Hafen
Er / Sie war (schon einmal) in Hongkong.

Zukunft

Für die Kennzeichnung der Zukunft wird im Kantonesischen lediglich eine Zeitangabe benutzt, die sich auf die Zukunft bezieht. Diese wird vor das entsprechende Verb gesetzt.

Ngo⁵ ting¹-yed⁶ zeo².
ich morgen abreisen
Ich reise morgen ab.

Kéu⁵déi⁶ cêd¹-nin⁴ hêu³ Guong²-zeo¹.
sie nächstes-Jahr fahren Kanton
Sie fahren nächstes Jahr nach Kanton.

Modalverben

Modalverben stehen genau wie im Deutschen vor dem Vollverb.

Ngo⁵ sêng² mai⁵ yé⁵.
ich wollen kaufen Sache
Ich will etwas kaufen.

Ngo⁵déi⁶ ho²-yi⁵ bong¹ néi⁵.
wir können helfen du
Wir können dir / Ihnen helfen.

sêng²	wollen
yiu³	müssen, mögen
ho²-yi⁵	können, dürfen, erlaubt sein
wui⁵	können (Fähigkeit, Wissen)
ying¹-goi¹	sollen (Empfehlung)

Satzstellung

Der Satzbau entspricht dem eines Aussage-satzes im Deutschen (Subjekt – Prädikat – Objekt):

Satzgegenstand (Subjekt)	Satzaussage (Prädikat)	Satzergänzung (Objekt)
Ngo⁵	**yem²**	**ca⁴.**
ich	*trinken*	*Tee*
Ich	trinke	Tee.
Kéu⁵déi⁶	**xig⁶**	**fan⁶.**
sie	*essen*	*Reis*
Sie	essen	Reis.

Wie wichtig im Kantonesischen die Wortrei-henfolge für die Bedeutung eines Satzes ist, zeigt sich schon an folgendem einfachen Bei-spiel eines Aussagesatzes. Durch die Vertau-schung von Satzgegenstand und Satzergän-zung verändert sich automatisch die Aussage eines Satzes:

Ngo⁵ bong¹ néi⁵.   **Néi⁵ bong¹ ngo⁵.**
ich helfen du   *du helfen ich*
Ich helfe dir.   Du hilfst mir.

Da, wie man sieht, die Wörter selbst nicht ver-ändert werden, ergibt sich die Bedeutung der Sätze allein aus der Wortstellung.

Umstandsbestimmungen

Umstandsbestimmungen der Art und Weise (Frage: wie?) und solche, die einen bestimmten Grad oder ein Maß ausdrücken, werden mit dem Verb plus der Partikel **deg¹** und einem Eigenschaftswort (Adjektiv) gebildet. Das Eigenschaftswort wird dabei im Sinne eines Umstandswortes (Adverbs) benutzt. Die Wortform bleibt aber in jedem Fall gleich.

Satzgegenstand	Satzaussage (Verb + **deg¹**)	Umstandsbestimmung (Eigenschaftswort)
Kéu⁵	**ju²-deg¹**	**hou².**
er/sie	*kochen-P*	*gut*
Er / Sie	kocht	gut.
Ngo⁵	**xig⁶-deg¹**	**hou² do¹.**
ich	*essen-P*	*sehr viel*
Ich	esse	sehr viel.

© jeavesy@Fotolia.com

Daneben gibt es auch reine Umstandswörter (Adverbien), die VOR das Verb gesetzt werden. Man benötigt hier keine zusätzliche Partikel.

Satzgegenstand	Umstandsbestimmung (Umstandswort)	Satzaussage
Kéu[5]	**zung[1]-yi[3]**	**ju[2].**
er/sie	*gerne*	*kochen.*
Er / Sie kocht gerne.		
Ngo[5]	**ho[2]-neng[4]**	**lei[4].**
ich	*vielleicht*	*kommen*
Ich komme vielleicht.		

Zu Umstandswörtern des Ortes siehe das nachfolgende Kapitel „Verhältniswörter / Orts- & Richtungsangaben", zu Umstandswörtern der Zeit das Kapitel „Zeitangaben".

Verhältniswörter / Orts- & Richtungsangaben

Im Gegensatz zum Deutschen existieren im Kantonesischen keine reinen Verhältniswörter (Präpositionen) wie z. B. „in", „mit", „auf" usw. Entweder ist die Funktion einer Präposition schon im Verb mitenthalten, so dass sie nicht mehr gesondert ausgedrückt wird:

Ngo[5] dab[3]-cé[1].   **Kéu[5] hang[4] lou[6].**
ich fahren   *er/sie gehen Weg*
Ich fahre mit dem Bus. Er / Sie geht zu Fuß.

Es gibt also Sätze, in denen mehrere Verben nacheinander („in Serie") vorkommen, von denen aber meist nur das letzte die eigentliche Satzaussage darstellt, während die anderen zusätzliche Informationen liefern (also ganz im Sinne unserer Umstandsangaben).

... oder besondere Verben werden als Ersatz für unsere Verhältniswörter verwendet, wie die folgenden Beispiele zeigen:

Verben mit präpositionaler Bedeutung		
	als Vollverb	**als Verhältniswort**
hei²	sich befinden	in / an (örtlich)
yung⁶	benutzen	mit
bong¹	helfen	für

Ngo⁵ hei² hog⁶-hao⁶ hog⁶ zung¹-men⁴.
ich sich-befinden Schule lernen chinesisch-Sprache
Ich lerne in der Schule Chinesisch.

Kéu⁵ yung⁶ fai³-ji² xig⁶ fan⁶.
er/sie benutzen Stäbchen essen Essen
Er / Sie isst mit Stäbchen.

Ngo⁵ bong¹ néi⁵ zou⁶.
ich helfen du machen
Ich erledige das für dich / Sie.

Ortsangaben

Umstandswörter des Ortes, die wie deutsche Verhältniswörter übersetzt werden, stehen immer nach dem jeweiligen Hauptwort:

deng³ ha³-bin¹
Stuhl unten
unter dem Stuhl

zeo²-dim⁶ qin⁴-bin¹
Hotel vorne
vor dem Hotel

Beachten Sie: Ortsangaben stehen vor der Satzaussage (Prädikat).

Kéu⁵ hei² can¹-téng¹ xig⁶ fan⁶.
er/sie sich-befinden Cáfe essen Essen
Er / Sie isst im Cáfe.

Ngo⁵déi⁶ hei² fo² cé¹ zam⁶ gin³ min⁶.
wir sich-befinden Feuer Wagen Haltestelle sehen Gesicht
Wir treffen uns am Bahnhof.

Umstandswörter des Ortes können auch als Eigenschaftswörter verwendet werden. In diesem Fall erhalten sie die Partikel **gé³** und werden vor das Hauptwort gestellt, z. B.:

zo²-bin¹-gé³ wa²   **sêng⁶-bin¹-gé³ cêng¹**
links-P Bild   *oben-P Fenster*
das linke Bild   das obere Fenster

Wenn eine Ortsangabe als ergänzender Bestandteil einer Satzaussage dient („X ist an-Ort-Y"), bildet man den Satz mit den schon bekannten Verben **hei⁶** (sein) oder **yeo⁵** (haben). Dabei gilt folgende Wortstellung:

Ortsangabe	hei⁶ / yeo⁵	Satzgegenstand
Qin⁴-bin¹	**hei⁶ / yeo⁵**	**qi³-so².**
vorne	*sein / haben*	*Toilette*
Vorne	ist	die Toilette.

Häufig macht es keinen Unterschied, ob man **hei⁶** oder **yeo⁵** benutzt. Eine Regel aber lautet, dass **hei⁶** (sein) bei bekannten, **yeo⁵** (haben) dagegen bei unbekannten Personen bzw. Dingen benutzt wird:

Ngoi⁶-bin¹ hei⁶ ngo⁵-gé³ mui⁶.
außen sein mein Schwester
Draußen ist meine Schwester.

Fong⁴-gan¹ yeo⁵ yen⁴.
Zimmer haben Mensch
Im Zimmer ist jemand.

Richtungsangaben

Folgende Richtungsverben (bzw. Verben der Bewegung) beinhalten sozusagen die Verhältniswörter, die eine bestimmte Richtung anzeigen:

	als Vollverb	Verhältniswörter
cung⁴ ... lei⁴-gé³	herkommen	von, aus
hêu³	fortgehen / fahren	nach, zu, in, auf
dou³(-dad⁶)	ankommen	in
sêng⁵	hinaufsteigen	auf

Der Satzbau sieht wie folgt aus:

Satzgegenstand	Richtungsverb	Ortsangabe
Ngo⁵déi⁶	**hêu³**	**Guong²-zeo¹.**
wir	*fahren*	*Kanton*
Wir fahren nach Kanton.		
Féi¹-géi¹	**dou³-dad⁶**	**Hêng¹-gong².**
Flugzeug	*ankommen*	*Duft-Hafen*
Das Flugzeug kommt in Hongkong an.		

Aber beachten Sie: Bei Sätzen, in denen das Richtungsverb **cung⁴ ... lei⁴** verwendet wird, stellt man den zweiten Teil **lei⁴** plus der Partikel **gé³** an das Satzende:

Ngo⁵ cung⁴ Deg¹-guog³ lei⁴-gé³.
ich her deutsch-Land kommen-P
Ich komme aus Deutschland.

Bindewörter (Konjunktionen)

yen¹-wei⁶	als, weil	**ya⁵**	auch
jig⁶-dou³	bis	**yu⁴-guo²**	wenn (falls)
sêu¹-yin⁴	obwohl	**yi⁴-cé²**	außerdem
ji¹-heo⁶	nachdem	**wag⁶-zé²**	oder (Aussagesatz)
tung⁶	und	**yig¹-wag⁶**	oder (Fragesatz)
dan⁶-hei⁶	aber	**yu⁴-guo²-m⁴-hei⁶**	sonst
hei⁶...yig¹-wag⁶...	entweder ... oder ...		
bed¹-dan⁶...yi⁴-cé²...	nicht nur ..., sondern auch ...		
m⁴-hei⁶...zeo⁶-hei⁶...	wenn nicht ..., dann ...		

Die Stellung im Satz ist genau wie im Deutschen:

Kéu⁵ xig⁶ fan⁶ tung⁶ coi³.
er/sie essen Reis und Gemüse
Er / Sie isst Reis und Gemüse.

Ngo⁵ m⁴ cêd¹-gai¹, yen¹-wei⁶ ngo⁵ teo⁴ tung³.
ich nicht auf-Straße weil ich Kopf Schmerzen
Ich gehe nicht aus, weil ich Kopfschmerzen habe.

Relativsätze

Relativsätze werden im Kantonesischen auf
folgende Weise gebildet:

Dem zu Bestimmenden (z. B. „das Hotel")
wird das Bestimmende (z. B. „in dem er
wohnt") vorangestellt und mit der Partikel
gé³ versehen:

Kéu⁵ ju⁶-gé³ zeo²-dim³ hei⁶ hou² léng³.
er/sie wohnen-P Hotel sein sehr schön
Das Hotel, in dem er / sie wohnt, ist sehr
schön.

Beispielsatz mit Vergangenheitsform:

**Ngo⁵ mai⁵-zo²-gé³ go² gin⁶ sam¹ hei⁶
lam⁴-xig¹.**
ich kaufen(-Verg.)-P dies Stück Bluse sein blau
Die Bluse, die ich gekauft habe, ist blau.

Fragesätze

Entscheidungsfragen

Auf eine Entscheidungsfrage antwortet man
mit „ja" oder „nein". Es ist der einfachste Typ
eines Fragesatzes. Im Kantonesischen wird er
üblicherweise wie folgt gebildet: Das Vernei-
nungswort **m⁴** (nicht) wird direkt hinter das
Verb gesetzt und dieses Verb noch einmal wiederholt (nach dem Motto: „tut er's oder tut
er's nicht"). Zusätzlich hängt man an den
Satz die Fragepartikel **a¹** (abgekürzt FP).

Aussagesatz

Kéu⁵ wui⁵ gong² zung¹-men⁴.

er/sie können sprechen chinesisch-Sprache

Er / Sie kann Chinesisch sprechen.

Fragesatz

Kéu⁵ wui⁵ m⁴ wui⁵ gong² zung¹-men⁴ a¹?

er/sie können nicht können sprechen
  chinesisch- Sprache FP

Kann er / sie Chinesisch sprechen?

Fragesatz: alternative Formulierungen

Neben der genannten Konstruktion gibt es noch eine zweite Möglichkeit, eine Entscheidungsfrage zu formulieren: An den unveränderten Aussagesatz hängt man die Fragepartikel **ma¹** an.

Kéu⁵ wui⁵ gong² zung¹-men⁴ ma¹?

er/sie können sprechen chinesisch-Sprache FP

Kann er / sie Chinesisch sprechen?

Beachten Sie: Wenn man überrascht ist oder noch einmal genauer nachfragen möchte, verwendet man anstelle der Partikel **ma¹** die nachdrücklichere Fragepartikel **mé¹**.

Kéu⁵ wui⁵ gong² zung¹-men⁴ mé¹?

er/sie können sprechen chinesisch-Sprache FP

Kann er / sie tatsächlich Chinesisch sprechen?

Ja / Nein

Die kantonesische Sprache kennt keine eigenständigen Wörter für „ja" und „nein". Wenn man mit „ja" antworten möchte, wird einfach das Verb aus der entsprechenden Frage wiederholt. Soll die Antwort „nein" lauten, wird ebenfalls das Verb wiederholt, diesem aber noch die Verneinungspartikel **m⁴** vorangestellt. Im Falle von „haben" gibt es eine gewisse Unregelmäßigkeit, da hier ein separates verneintes Verb **mou⁵** (nicht-haben) verwendet wird.

Néi⁵ hêu³ m⁴ hêu³ a¹?
du fortgehen nicht fortgehen FP
Gehst du / Gehen Sie mit?

Hêu³.	**M⁴ hêu³.**
fortgehen	*nicht fortgehen*
Ja.	Nein.

© Roques Jean Chris@Fotolia.com

Ni¹-di¹ hei⁶ m⁴ hei⁶ ju¹ yug⁶ a¹?
dies sein nicht sein Schwein Fleisch FP
Ist das Schweinefleisch?

Hei⁶.	**M⁴ hei⁶.**
sein	*nicht sein*
Ja.	Nein.

Néi⁵ sêng² m⁴ sêng² mai⁵ yé⁵ a¹?
du wollen nicht wollen kaufen Sachen FP
Willst du / Wollen Sie etwas kaufen?

Sêng².	**M⁴ sêng².**
wollen	*nicht wollen*
Ja.	Nein.

Zung⁶ yeo⁵ mou⁵ hung¹ fong⁴ a¹?
noch haben nicht-haben frei Zimmer FP
Ist noch ein Zimmer frei?

Yeo⁵.	**Mou⁵.**
haben	*nicht-haben*
Ja.	Nein.

Beachten Sie: Bei der Antwort auf negativ formulierte Fragen muss – anders als bei den „positiven" Fragen – das Verb des Fragesatzes nicht unbedingt wiederholt werden, sondern die Verneinung / Bejahung wird in erster Linie durch **hei⁶** bzw. **m⁴ hei⁶** ausgedrückt:

Néi⁵ m⁴ sêng² mai⁵ yé⁵ mé¹?
du nicht wollen kaufen Sachen FP
Willst du / Wollen Sie nichts kaufen?

Hei⁶ (m⁴ sêng²).	**M⁴ hei⁶ (sêng²).**
sein (nicht wollen)	*nicht sein (wollen)*
Nein, ich will nicht.	Doch, ich will.

*Und dabei gilt: das positiv formulierte **hei⁶** bestätigt eine negativ formulierte Frage (im Sinne: „ja, so ist es"), das negativ formulierte **m⁴ hei⁶** verneint sie („nein, so ist es nicht"). Dieses System ist absolut logisch, nur dass unsere europäischen Sprachen genau anders herum funktionieren.*

Ergänzungsfragen

Ergänzungsfragen werden mit Fragewörtern gebildet:

géi²-xi⁴?	wann?	**dim²-yêng⁶?**	wie?
dim²-gai²?	warum?	**géi²-cêng⁴?**	wie lang? (Sachen)
med¹-yé⁵?	was?	**géi²-noi⁶?**	wie lange? (Zeit)
bin¹-go³?	wer?	**géi²-do¹?**	wieviel? / wie viele?
bin¹-dou⁶?	wo?	**cung⁴ bin¹-dou⁶?**	woher?
bin¹?	welche(r, -s)?	**hêu³ bin¹-dou⁶?**	wohin?

Auf Ergänzungsfragen kann man – im Gegensatz zu Entscheidungsfragen – nur mit einem vollständigen Satz antworten. Im Kantonesischen bleibt die Wortstellung bei der Ergänzungsfrage gegenüber dem Aussagesatz gleich. Das Fragewort nimmt einfach die Position ein, die der erfragte Sachverhalt in der entsprechenden Antwort innehat. An das Ende des Fragesatzes wird die Partikel **a¹** angehängt.

Fragesatz	**Antwortsatz**
Néi⁵ hei⁶ bin¹-go³ a¹?	**Ngo⁵ hei⁶ Wong⁴ xin¹-seng¹.**
du sein <u>wer</u> FP	*ich sein <u>Wong Herr</u>*
Wer sind Sie?	Ich bin Herr Wong.
Néi⁵ ju⁶-zo² géi²-noi⁶ a¹?	**Ngo⁵ ju⁶-zo² seb⁶ yed⁶.**
du bleiben(-Verg.) <u>wie-lange</u> FP	*ich bleiben(-Verg.) <u>zehn Tage</u>*
Wie lange sind Sie geblieben?	Ich bin zehn Tage geblieben.
Ni¹-di¹ hei⁶ med¹-yé⁵ a¹?	**Ni¹-di¹ hei⁶ ju¹ yug⁶.**
das sein <u>was</u> FP	*das sein <u>Schwein Fleisch</u>*
Was ist das?	Das ist Schweinefleisch.
Kéu⁵ hêu³ bin¹-dou⁶ a¹?	**Kéu⁵ hêu³ gai¹.**
er/sie fortgehen <u>wo</u> FP	*er/sie fortgehen <u>Straße</u>*
Wohin geht er / sie?	Er / Sie geht in die Stadt.

Fragen mit Wahlmöglichkeit

Fragesätze, die eine Wahlmöglichkeit beinhalten, werden mit dem Bindewort **yig¹-wag⁶** (oder) gebildet:

Néi⁵ yem² ca² yig¹-wag⁶ yem² ka¹-féi¹ a¹?
du trinken Tee oder trinken Kaffee FP
Trinkst du / Trinken Sie Tee oder Kaffee?

Fragen mit Modalverben

Für Fragesätze mit Modalverben (können, sollen, wollen, ...) gelten dieselben grammatischen Regeln wie für die übrigen Fragesätze:

Ngo⁵ ho²-yi⁵ m⁴ ho²-yi⁵ bong¹ néi⁵ a¹?
ich können nicht können helfen du FP
Kann ich dir / Ihnen helfen?

Néi⁵ sêng² ju⁶ géi²-noi⁶ a¹?
du wollen bleiben wie-lange FP
Wie lange willst du / wollen Sie bleiben?

Verneinung

Verben, die in der Gegenwart oder Zukunft stehen, sowie Eigenschaftswörter werden durch die Voranstellung von **m⁴** (nicht) verneint.

Ngo⁵ m⁴ yiu³.   **Tin¹-héi³ m⁴ hou².**
ich nicht mögen   *Wetter nicht gut*
Ich mag das nicht.   Das Wetter ist nicht gut.

Kéu⁵ ting¹-yed⁶ m⁴ hêu³ hog⁶-hao⁶.
er/sie morgen nicht fortgehen Schule
Er / Sie geht morgen nicht zur Schule.

Ngo⁵ m⁴ wui⁵ gong² zung¹-men⁴.
ich nicht können sprechen chinesisch-Sprache
Ich kann kein Chinesisch sprechen.

Ausnahme: Für die Verneinung des Verbs „haben" existiert ein besonderes Verb **mou⁵** (nicht-haben).

Ngo⁵ mou⁵ xi⁴-gan³.   **Kéu⁵ mou⁵ qin⁴.**
ich nicht-haben Zeit   *er/sie nicht-haben Geld*
Ich habe keine Zeit.   Er / Sie hat kein Geld.

Verben, die in der Vergangenheit stehen, werden durch die Voranstellung von **mou⁵** (nicht-haben) verneint.

Ngo⁵ kem⁴-yed⁶ mou⁵ tei²-guo³ bou³-ji².
ich gestern nicht-haben lesen(-Verg.) Zeitung
Ich habe gestern keine Zeitung gelesen.

Die deutschen Ausdrücke „noch nicht" und „nie" werden im Kantonesischen durch das Wort **méi⁶**, der Ausdruck „noch nie" durch **cung⁴ méi⁶** ausgedrückt. Deren Stellung im Satz ist ebenfalls unmittelbar vor dem Verb.

Ngo⁵ cung⁴ méi⁶ hêu³-guo³ Hêng¹-gong².
ich noch nie fahren(-Verg.) Duft-Hafen
Ich war noch nie in Hongkong.

Der Ausdruck „nicht mehr" wird im Kantonesischen gebildet, indem die Partikel **la³** an das Ende eines verneinten Aussagesatzes gestellt wird.

Ngo⁵ mou⁵ fad³-xiu¹ la³.
ich nicht-haben Fieber P
Ich habe kein Fieber mehr.

Aufforderung, Bitte, Verbot

Aufforderung

Auch zur Bildung von Aufforderungssätzen wird, wie so oft im Kantonesischen, eine Partikel benutzt – in diesem Fall **la¹**. Sie wird an das Ende eines normalen Aussagesatzes angehängt, wobei jedoch häufig der Satzgegenstand (Subjekt) entfällt.

Yeb⁶ lei⁴ la¹!
herein kommen P
Komm herein! / Kommen Sie herein!

Hang⁴ la¹!   **Co⁵ la¹!**
gehen P   *sitzen P*
Geh! / Gehen Sie!   Setz dich! / Setzen Sie sich!

Bitte

Für höfliche Bitten gelten dieselben Regeln wie bei einfachen Aufforderungen. Der Tonfall ist natürlich sanfter und freundlicher. Zusätzlich wird dem jeweiligen Verb **qing²** oder **m⁴-goi¹** (beides bedeutet „bitte") vorangestellt. Der Unterschied besteht darin, dass **m⁴-goi¹** bei Bitten benutzt wird, auf die man anschließend mit „Danke" antwortet. Bei Bitten mit **m⁴-goi¹** kann die Partikel **la¹** wegfallen.

Qing² yem² ca⁴ la¹!
bitte trinken Tee P
Bitte trinken Sie Tee!

M⁴-goi¹ gid³-zêng³!
bitte abrechnen
Die Rechnung, bitte!

Qing² co⁵ la¹!
bitte sitzen P
Bitte setzen Sie sich!

M⁴-goi¹ béi² ngo⁵ ...!
bitte geben ich ...
Bitte geben Sie mir ...!

Weitere Möglichkeiten zur Formulierung einer Bitte:

In einen normalen Aufforderungssatz wird vor der Partikel **la¹** noch das Wort **di¹** (bisschen) eingefügt. Damit können Bitten folgender Art formuliert werden:

Jing⁶ di¹ la¹!
Ruhe bisschen P
Sei bitte etwas ruhiger!

Hang⁴ fai³ di¹ la¹!
gehen schnell bisschen P
Geh bitte etwas schneller!

Weiterhin lassen sich auch Bitten im Sinne eines höflichen Vorschlags konstruieren. Dazu wird an das Ende eines Aussagesatzes **hou² m⁴ hou² a¹** (gut nicht gut Fragepartikel) angehängt.

Ngo⁵déi⁶ hêu³ Sei¹⁻on¹, hou² m⁴ hou² a¹?
wir fahren Xi'an gut nicht gut FP
Fahren wir nach Xi'an, wie ist das?
(Fahren wir doch nach Xi'an!)

Ngo⁵déi⁶ hêu³ zeo²⁻leo⁴ xig⁶ fan⁶, hou² m⁴ hou² a¹?
wir fortgehen Restaurant essen Essen gut nicht gut FP
Gehen wir ins Restaurant, wie ist das?
(Gehen wir doch ins Restaurant!)

Höfliches Verbot

Für eine Aufforderung, etwas zu unterlassen (bzw. ein höfliches Verbot), dient der normale Aufforderungssatz als Basis. Er wird ergänzt durch den Ausdruck **m⁴ hou²** (nicht gut), der die Position vor dem Verb einnimmt.

M⁴ hou² xig⁶ yin¹ la¹!
nicht gut essen Zigarette P
Bitte nicht rauchen!

M⁴ hou² yem² zeo² la¹!
nicht gut trinken Alkohol P
Bitte trinke keinen Alkohol!

Zahlen

Grundzahlen

Im Kantonesischen wird zur Zählung genau wie im Deutschen das Dezimalsystem benutzt. Was die Schreibweise anbetrifft, gilt, dass heutzutage die traditionellen chinesischen Zahlen mehr und mehr durch die uns geläufigen arabischen Ziffern ersetzt werden.

零	0	**ling[4]**			
一	1	**yed[1]**	六	6	**lug[6]**
二/两	2	**yi[6] / lêng[5]**	七	7	**ced[1]**
三	3	**sam[1]**	八	8	**bad[3]**
四	4	**séi[3]**	九	9	**geo[2]**
五	5	**ng[5]**	十	10	**seb[6]**

Folgender Unterschied ist zu beachten: **yi[6]** (zwei) wird nur als alleinstehendes Zahlwort oder bei mehrstelligen Zahlen benutzt. Im Zusammenhang mit Zähleinheitswörtern (siehe nachfolgendes Kapitel) verwendet man für die Zahl 2 das Wort **lêng[5]**.

Die Zahlen von 11-19 werden mit **seb[6]** (zehn) plus Einerzahl gebildet:

11	**seb[6]-yed[1]**	*zehn-eins*	
12	**seb[6]-yi[6]**	*zehn-zwei*	
13	**seb[6]-sam[1]**	*zehn-drei*	usw.

Bei den Zehnerzahlen ist die Reihenfolge genau anders herum, denn es gilt das Prinzip „Einerzahl mal **seb⁶**":

20	**yi⁶-seb⁶**	*zwei-zehn*	
30	**sam¹-seb⁶**	*drei-zehn*	
40	**séi³-seb⁶**	*vier-zehn*	usw.

Zur Bildung der zweistelligen Zahlen von 21 bis 29, 31 bis 39 usw. wird zusätzlich die entsprechende Einerzahl angehängt:

21	**yi⁶-seb⁶-yed¹**	*zwei-zehn-eins*	
22	**yi⁶-seb⁶-yi⁶**	*zwei-zehn-zwei*	
23	**yi⁶-seb⁶-sam¹**	*zwei-zehn-drei*	usw.

Diese Reihenfolge gilt selbstverständlich auch dann, wenn die Zahlen in Schriftzeichen notiert werden.

Mit Hilfe der folgenden Dezimalzahlen werden dann alle übrigen Zahlen gebildet:

100	**yed¹-bag³**	*eins-hundert*
1000	**yed¹-qin¹**	*eins-tausend*
10.000	**yed¹-man⁶**	*eins-zehntausend*
100.000.000	**yed¹-yig¹**	*eins-hundertmillion*

Mehrstellige Zahlen bestehen demnach aus den Wörtern für die Einerzahlen „eins" bis „neun" sowie aus den fünf Wörtern für die Dezimalzahlen „zehn", „hundert", „tausend", „zehntausend" und „hundertmillion".

Man verfährt dabei nach folgendem Prinzip: Steht eine Einerzahl vor einer Dezimalzahl, bedeutet dies „Einerzahl mal Dezimalzahl". Dasselbe gilt, wenn mehrstellige Zahlen vor den beiden Dezimalzahlen 10.000 und 100.000.000 stehen.

Die folgenden Beispiele sollen das illustrieren:

301	**sam[1]-bag[3] ling[4] yed[1]**	*drei-hundert null eins*
854	**bad[3]-bag[3] ng[5]-seb[6]-séi[3]**	*acht-hundert fünf-zehn-vier*
1995	**yed[1]-qin[1] geo[2]-bag[3] geo[2]-seb[6]-ng[5]**	
	eins-tausend neun-hundert neun-zehn-fünf	
23.000	**yi[6]-man[6] sam[1]-qin[1]**	
	zwei-zehntausend drei-tausend	
100.000	**seb[6]-man[6]**	
	zehn-zehntausend	
234.567	**yi[6]-seb[6]-sam[1]-man[6] séi[3]-qin[1] ng[5]-bag[3] lug[6]-seb[6]-ced[1]**	
	zwei-zehn-drei-zehntausend vier-tausend fünf-hundert-sechs-zehn-sieben	
1.200.000	**yed[1]-bag[3]-yi[6]-seb[6]-man[6]**	
	eins-hundert-zwei-zehn-zehntausend	

Ordnungszahlen

Ordnungszahlen (erster, zweite, usw.) werden mit der Partikel **dei[6]** gebildet. Diese wird der jeweiligen Grundzahl vorangestellt:

1.	**dei[6] yed[1]**	*P eins*	erste(r,-s)
2.	**dei[6] yi[6]**	*P zwei*	zweite(r,-s)
3.	**dei[6] sam[1]**	*P drei*	dritte(r,-s) usw.

Bruchzahlen

Auch die Bildung von Bruchzahlen ist relativ
einfach: erst der Nenner, dann der Zähler (!),
und dazwischen wird **fen**[6] eingefügt.

1/2	**yi**[6]**-fen**[6]**-yed**[1]	*zwei-tel-eins*
1/3	**sam**[1]**-fen**[6]**-yed**[1]	*drei-tel-eins*
3/4	**séi**[3]**-fen**[6]**-sam**[1]	*vier-tel-drei*

Zähleinheitswörter

Im Kantonesischen können nur wenige
Hauptwörter (z. B. „Jahr", „Tag", „Minute",
„Sekunde") direkt mit einer Zahl verbunden
werden:

yed[1] **nin**[4] *eins Jahr*   ein Jahr

Meistens muss zwischen Zahl und Hauptwort
ein sog. Zähleinheitswort eingefügt werden,
so etwa das sehr gebräuchliche **go**[3] (Stück):

lêng[5] **go**[3] **yen**[4]	*zwei Stück Mensch*	zwei Menschen
sam[1] **go**[3] **yud**[6]	*drei Stück Monat*	drei Monate
ng[5] **go**[3] **ping**[4]**-guo**[2]	*fünf Stück Apfel*	fünf Äpfel

Als Faustregel gilt, dass **go**[3] bei Personen, ab-
strakten Begriffen und allen übrigen Gegen-
ständen benutzt wird, die kein eigenes Zähleinheitswort haben.

Im Folgenden eine Liste weiterer Zähleinheitswörter mit speziellerer Verwendung:

ba²	bei Gegenständen mit einem Griff (Messer, Schirm usw.)
bao¹	„Päckchen" – bei allem, was verpackt ist (Zucker, Zigaretten usw.)
bou⁶	bei Geräten, Maschinen, Fahrzeugen
bui¹	„Tasse" / „Glas" – bei Getränken
bun²	„Band" – bei Büchern
dêu³	„Paar" – bei Schuhen, Stäbchen usw.
fug¹	bei Fotos und Gemälden
fung¹	bei Briefen
gan¹	bei Räumen / Räumlichkeiten
gen¹	„Pfund" (Gewicht)
geo⁶	ein „Stück" von etwas (Kuchen, Fleisch usw.)
gin⁶	bei Kleidungsstücken
tiu⁴	bei allem, was länglich ist (Straße, Seil, Schal usw.)
zég³	bei Geflügel und Eiern
zêng¹	bei Papier und Möbeln

sam¹ gan¹ fong⁴
drei Stück Zimmer
drei Zimmer

lêng⁵ bao¹ yin¹
zwei Päckchen Zigarette
zwei Päckchen Zigaretten

yed¹ bui¹ ca⁴
eins Tasse Tee
eine Tasse Tee

Das Wörtchen **qi³** (mal) in Ausdrücken wie „einmal", „zweimal" usw. gilt ebenfalls als Zähleinheitswort. Es wird einfach hinter das jeweilige Zahlwort gesetzt:

yed¹ qi³　　　　　**seb⁶ qi³**
eins Mal　　　　　　*zehn Mal*
einmal　　　　　　　zehnmal

Will man ausdrücken, dass etwas nur von kur-
zer Dauer war oder sein soll, benutzt man im
Kantonesischen **yed¹-zen⁶** (einmal-kurz):

Log⁶-zo² yed¹-zen⁶ yu⁵.
herunterfallen(-Verg.) einmal-kurz Regen
Es hat mal kurz geregnet.

M⁴-goi¹ deng² yed¹-zen⁶!
bitte warten einmal-kurz
Warte / Warten Sie bitte einen Moment!

Darüber hinaus sind Zähleinheitswörter auch
erforderlich, wenn folgende hinweisende bzw.
Fragefürwörter vorangehen:

ni¹	diese(r, -s)
go²	jene(r, -s)
bin¹	welche(r, -s)?
géi²-do¹	wieviel? / wie viele?

ni¹ tiu⁴ gai¹　　　**go² gin⁶ sam¹**
dieses Stück Straße　*jenes Stück Bluse*
diese Straße　　　　　jene Bluse

bin¹ gan¹ fong⁴?　　**géi²-do¹ fug¹ wa²?**
welches Stück Zimmer　*wie-vieles Stück Bild*
Welches Zimmer?　　　Wie viele Bilder?

Zeitangaben

Allgemeine Zeitangaben

miu⁵	Sekunde	**xing¹-kéi⁴**	Woche
fen¹	Minute	**yud⁶**	Monat
zung¹	Stunde	**nin⁴**	Jahr
yed⁶	Tag		

gem¹ yed⁶	*Gegenwart Tag*	heute
ting¹-yed⁶	*morgen*	morgen
heo⁶ yed⁶	*hinten Tag*	übermorgen
kem⁴-yed⁶	*gestern-Tag*	gestern
qin⁴ yed⁶	*vorn Tag*	vorgestern

jiu¹-zou²	morgens	**ai¹-man⁵**	abends
sêng⁶-zeo³	vormittags	**yé⁶-man⁵**	nachts
an³-zeo³	mittags	**bun³-yé⁶**	Mitternacht
ha⁶-zeo³	nachmittags		

yi⁴-ga¹	jetzt	**cêu⁴-xi⁴**	jederzeit
jig¹-heg¹	sofort	**yeo⁵ xi⁴**	manchmal
hou² fai³	bald	**méi⁶**	nie
yi⁵-heo⁶	später	**teo⁴-xin¹**	soeben
zêng¹-loi⁴	künftig	**ni¹-pai⁴**	neulich
zung²-hei⁶	immer	**geo⁶ xi⁴**	einst, früher

ni¹ go³ xing¹-kéi⁴	*dieses Stück Woche*	diese Woche
ni¹ go³ yud⁶	*dieses Stück Monat*	dieser Monat
gem¹ nin⁴	*Gegenwart Jahr*	dieses Jahr
sêng⁶ go³ xing¹-kéi⁴	*oben Stück Woche*	letzte Woche
ha⁶ go³ xing¹-kéi⁴	*nächstes Stück Woche*	nächste Woche
mui⁵ yed⁶	*jeder Tag*	jeden Tag

mui⁵ nin⁴	*jeder Jahr*	jedes Jahr
guo³ lêng⁵ -yed⁶	*nach zwei Tag*	zwei Tage später
lêng⁵ yed⁶ qin⁴	*zwei Tag vorn*	vor zwei Tagen
séi³ go³ xing¹-kéi⁴ qin⁴	*vier Stück Woche vorn*	vor vier Wochen
yed¹ go³ zung¹ heo⁶	*eins Stück Stunde hinten*	nach einer Stunde
sam¹ go³ yud⁶ heo⁶	*drei Stück Monat hinten*	in drei Monaten
ng⁵ nin⁴ heo⁶	*fünf Jahr hinten*	fünf Jahre später
geo⁶ nin⁴	*alt Jahr*	voriges Jahr
cêd¹-nin⁴	*nächstes-Jahr*	nächstes Jahr

Zeitangaben, die einen Zeitpunkt (bzw. Ta-
gesabschnitt) bezeichnen, stehen generell vor
dem Verb oder am Satzanfang. Angaben zur
Zeitdauer werden jedoch nachgestellt.

Ngo⁵ yi⁴-ga¹ hêu³ mai⁵ yé⁵.
ich jetzt fortgehen kaufen Sachen
Ich gehe jetzt einkaufen.

Yi⁴-ga¹ ngo⁵ hêu³ mai⁵ yé⁵.
jetzt ich fortgehen kaufen Sachen
Jetzt gehe ich einkaufen.

Kéu⁵ ha⁶-zeo³ hei² hog⁶-hao⁶.
er/sie nachmittags sich-befinden Schule
Er / Sie ist nachmittags in der Schule.

Ha⁶-zeo³ kéu⁵ hei² hog⁶-hao⁶.
nachmittags er/sie sich-befinden Schule
Nachmittags ist er / sie in der Schule.

Ngo⁵ lei⁴-zo² Guong²-zeo¹ lêng⁵ go³ xing¹-kéi⁴.
ich kommen(-Verg.) Kanton zwei Stück Wochen
Ich bin seit zwei Wochen in Kanton.

Kéu⁵ hêu³-guo³ ngoi⁶-guog³ yed¹ nin⁴.
er/sie fahren(-Verg.) außen-Land eins Jahr
Er / Sie war ein Jahr im Ausland.

Uhrzeit

Géi² dim² a¹?
wieviel Punkt FP
Wieviel Uhr ist es?

Bei der Angabe der genauen Uhrzeit wird vor **dim²** (bezeichnet die volle Stunde), **fen¹** (Minute) und gegebenenfalls auch noch **miu⁵** (Sekunde) die entsprechende Zahl gesetzt. Bei Minuten- und Sekundenangaben bis zehn wird zusätzlich noch **ling⁴** (null) davorgesetzt.

sam¹ dim²	**lug⁶ dim² ling⁴ ng⁵ fen¹**
drei Punkt	*sechs Punkt null fünf Minute*
3.00 Uhr	6.05 Uhr

seb⁶ dim² séi³-seb⁶-ng⁵ fen¹	**seb⁶-yi⁶ dim² sam¹-seb⁶ fen¹**
zehn Punkt vier-zehn-fünf Minute	*zehn-zwei Punkt drei-zehn Minute*
10.45 Uhr	12.30 Uhr

Im kantonesischen Sprachraum ist neben diesen amtlichen Zeitangaben in der Umgangssprache eine andere Form der Zeitangabe üblich: Bei der Angabe der Minuten richtet man sich nach den Zahlen auf dem Ziffernblatt der Uhr. Die Eins steht also für fünf Minuten, die Zwei für zehn Minuten usw. Zwei Beispiele:

lug^6 dim^2 yed^1   **ced^1 dim^2 geo^2**
sechs Punkt eins   *sieben Punkt neun*
6.05 Uhr   7.45 Uhr

Die halbe Stunde wird durch **bun^3** (Hälfte) ausgedrückt.

bad^3 dim^2 bun^3
acht Punkt Hälfte
8.30 Uhr

Umgangssprachlich sind bei der Uhrzeit lediglich die Zahlenangaben von 1 bis 12 üblich. Nur sehr selten, in der Regel für offizielle Zwecke, werden die Zahlen bis 24 verwendet. Damit keine Missverständnisse aufkommen, wird häufig die Tageszeit der Uhrzeit vorangestellt.

jiu^1-zou^2 ng^5 dim^2   **ha^6-zeo^3 ng^5 dim^2**
morgen fünf Punkt   *nachmittags fünf Punkt*
5.00 Uhr morgens   5.00 Uhr nachmittags

an^3-zeo^3 seb^6-yi^6 dim^2   **bun^3-yé^6 seb^6-yi^6 dim^2**
mittags zehn-zwei Punkt   *Mitternacht zehn-zwei Punkt*
12.00 Uhr mittags   12.00 Uhr (Mitternacht)

Auf die Frage „von wann bis wann" antwortet man mit der Konstruktion **cung⁴** plus Zeit-angabe („von") – **dou³** plus Zeitangabe („ bis"):

cung⁴ lug⁶ dim² dou³ bad³ dim²
von sechs Punkt bis acht Punkt
von sechs Uhr bis acht Uhr

Wochentage

Die Wochentage werden gebildet, indem man dem Wort **xing¹-kéi⁴** (Woche) die jeweilige Rei-henfolge-Zahl des Tages in der Woche nach-stellt (Ausnahme Sonntag):

xing¹-kéi⁴ yed¹	*Woche eins*	Montag
xing¹-kéi⁴ yi⁶	*Woche zwei*	Dienstag
(usw.)		
xing¹-kéi⁴ yed⁶	*Woche Tag*	Sonntag

Monate

Bei den Monatsnamen ist das Verfahren im Vergleich zu den Wochentagen genau umge-kehrt, d. h. die jeweilige Reihenfolge-Zahl steht vor dem Wort **yud⁶** (Monat).

yed¹ yud⁶	*eins Monat*	Januar
yi⁶ yud⁶	*zwei Monat*	Februar
sam¹ yud⁶	*drei Monat*	März
(usw.)		

Datum

Bei der Datumsangabe wird zuerst die Jahres-
zahl (ziffernweise) genannt, danach der Monat, zuletzt der Tag. Hinter der Jahres-, Mo-
nats- und Tageszahl steht jeweils das Wort für
Jahr, Monat und Tag, wobei für den Tag im
Falle der Datumsangabe das Wort **hou⁶** anstelle des sonst üblichen **yed⁶** verwendet wird.

二零零五年一月一号

yi¹ ling⁴ ling⁴ ng⁵ nin⁴ yed¹ yud⁶ yed¹ hou⁶
zwei null null fünf Jahr eins Monat eins Tag
1. Januar 2005

© Huating@Dreamstime.com

Kurz-Knigge

Die Nähe zu Hongkong und die seit langem bestehenden Handelsbeziehungen zum Westen haben Südchina und seine Menschen unverkennbar geprägt. Die Bevölkerung gilt im Vergleich zu der in anderen Teilen Chinas allgemein als offener gegenüber Fremden und Neuem. Wer glaubt, Einflüsse aus dem Westen hätten auch dazu geführt, dass rege über die politischen Verhältnisse im Lande diskutiert wird, sieht sich allerdings getäuscht. Das Interesse am wirtschaftlichen Erfolg und daran, dass das eigene Leben in ruhigen Bahnen verläuft, ist bei den meisten Menschen weit ausgeprägter als das Interesse an politischen Themen. Die Süd- und die Hongkong-Chinesen gelten im übrigen als sehr geschäftstüchtig; Wohlstand und Erfolg werden durchaus selbstbewusst demonstriert.

Die überall anzutreffende Gastfreundschaft ist fast schon sprichwörtlich. So sparsam die Menschen ansonsten sind: Werden Verwandte, Freunde oder Bekannte erwartet, dann scheut man weder Kosten noch Mühen, um den Aufenthalt des Gastes so angenehm wie möglich zu machen. Gegeneinladungen lassen in der Regel nicht lange auf sich warten. Das gemütliche Beisammensein zu Hause oder im Restaurant gehört zu den beliebtesten Beschäftigungen.

Auch Bescheidenheit gilt als hohe Tugend. So wird etwa ein Gesprächspartner auf große Komplimente abwiegelnd reagieren und sein Licht unter den Scheffel stellen, auch wenn das Lob noch so berechtigt war.

Zur Begrüßung ist ein normaler Händedruck üblich. Umarmungen oder gar Wangenküsse können – zumindest bei der älteren Generation – irritierend wirken und als Respektlosigkeit aufgefasst werden.

Ist man zu einem privaten Besuch eingeladen, sollte man ein kleines Geschenk mitbringen. Normalerweise werden die praktischen Dinge des Lebens gewählt, z. B. Obst, Gebäck oder Süßigkeiten. Auch Geld wird verschenkt, meistens an Hochzeitspaare oder Kinder von Freunden anlässlich des Neujahrsfestes. Das Geld steckt man vorher in kleine rote Umschläge, die als Glücksbringer gelten.

Wundern Sie sich bitte nicht über die große Neugier der Menschen. Ohne große Umschweife kommt man sehr schnell zu Fragen nach dem Familienstand, der Zahl der Kinder und anderen privaten Dingen. Ein solches Verhalten gilt keinesfalls als unhöflich oder indiskret. Häufig verbirgt sich dahinter einfach der Wunsch nach persönlicher Anteilnahme.

Restaurantbesuche stehen, wie gehört, auf der Beliebtheitsskala ganz oben. Als westlicher Besucher sollte man wissen, dass am Ende immer nur einer zahlt, und zwar für alle am Tisch. Getrennte Rechnungen sind unüblich. Derjenige, der zahlt, kann aber sicher sein, beim nächsten Mal zu den Eingeladenen zu zählen.

Der Gesichtsverlust ist für einen Chinesen unerträglich. Dementsprechend wird alles getan, peinliche Situationen für einen selbst und die Mitmenschen zu vermeiden. Dies führt dann etwa dazu, dass man mit kritischen Bemerkungen gegenüber anderen sehr zurückhaltend ist, eigene Fehler auch nur ungern eingesteht und Wünsche sehr vorsichtig äußert, um keine direkte Absage zu riskieren.

Namen und Anrede

In China steht der Familienname immer vor dem Rufnamen. Die häufigsten Familiennamen sind **Léi⁵** (Hoch-Chinesisch: Li), **Wong⁴** (Wang), **Zêng¹** (Zhang), **Leo⁴** (Liu) und **Cen⁴** (Chen). Etwa ein Drittel der chinesischen Bevölkerung trägt einen dieser fünf Namen. Frauen behalten nach der Heirat ihren Mädchennamen. In Hongkong besteht auch die Möglichkeit, einen Doppelnamen anzunehmen, wovon hin und wieder Gebrauch gemacht wird. Kinder tragen normalerweise den Familiennamen ihres Vaters.

Bei der Anrede werden die Bezeichnungen **xin¹-seng¹** (Herr), **tai³** (Frau) und **xiu²-zé²**

(Fräulein) dem Nachnamen nachgestellt. Dasselbe gilt für Titel und Berufsbezeichnungen wie **lou⁵-xi¹** (Lehrer), **yi¹-seng¹** (Arzt) oder **xi¹-géi¹** (Fahrer).

Die vor allem während der Zeit der Kulturrevolution übliche Anrede mit „Genosse / Genossin" ist kaum noch zu hören.

Ältere Familienmitglieder nennen die jüngeren in der Regel beim Vornamen. Im umgekehrten Fall werden die Verwandtschaftsbezeichnungen benutzt. Das bezieht sich nicht nur auf die Anrede mit **ma¹-ma¹** (Mutter) oder **ba¹-ba¹** (Vater). Hat z. B. ein Mädchen eine ältere Schwester, so wird es sie **ga¹-zé²** (Schwester) nennen. Hat es zwei ältere Schwestern, wird die älteste mit **dai⁶ ga¹-zé²** (große Schwester) angeredet, die jüngere mit **yi⁶ ga¹-zé²** (zweite Schwester). Diese Sitte verdeutlicht den in China ausgeprägten, auf Konfuzius zurückgehenden Respekt vor dem älteren Mitmenschen.

In Geschäften, Restaurants und Hotels werden die Angestellten und Kellner **xin¹-seng¹** (Herr) bzw. **xiu²-zé²** (Fräulein) gerufen.

© Kawing921@Dreamstime.com

Begrüßen und Verabschieden

Begrüßen

Zur Begrüßung heißt es im Kantonesischen von früh bis spät schlicht:

🗣 **Néi⁵ hou²!** *du gut* Guten Tag!

bei der Begrüßung mehrerer Personen:

🗣 **Néi⁵déi⁶ hou²!** *ihr gut* Guten Tag!

Zur Frühstückszeit hört man aber auch schon mal ein:

🗣 **Zou² sen⁴!** *früh Morgen* Guten Morgen!

Wenn es sich nicht gerade um eine vertraute Person handelt, reicht als Gruß auch ein kurzes, freundliches Kopfnicken.

Unter Freunden und Bekannten sind zur Begrüßung weitere Fragen üblich:

🗣 **Hêu³ bin¹-dou⁶ a¹?**   **Hêu³ ...**
fortgehen wo FP   *fortgehen ...*
Wohin gehst du?   Ich gehe ...

🗣 **Hêu³ gai¹ a¹?**   **Hei⁶. / M⁴ hei⁶.**
fortgehen Straße FP   *sein / nicht sein*
Gehst du in die Stadt?   Ja. / Nein.

Hat man sich längere Zeit nicht gesehen, kann man auch fragen:

Néi⁵ hou² ma¹?   **Hou² hou², yeo⁵ sem¹.**
du gut FP   *sehr(=gut) gut haben Herz*
Wie geht es?   Gut, danke!

Ni¹-pai⁴ mong⁴ m⁴ mong⁴ a¹?
neulich beschäftigt nicht beschäftigt FP
Bist du / Sind Sie zur Zeit beschäftigt?

Zur Essenszeit heißt es üblicherweise:

Xig⁶-zo² fan⁶ méi⁶ a¹?   **Xig⁶-zo². / Méi⁶.**
essen(-Verg.) Essen noch-nicht FP   *essen(-Verg.) / noch-nicht*
Hast du / Haben Sie schon gegessen?   Ja. / Nein, noch nicht.

Am Flughafen, am Bahnhof, zu Hause oder im Büro werden Gäste mit folgendem Gruß empfangen:

Fun¹-ying⁴, fun¹-ying⁴!   **Gin³-dou⁶ néi⁵ hou² hoi¹-sem¹.**
willkommen willkommen   *sehen du sehr sich-freuen*
Herzlich willkommen!   Es freut mich, dich / Sie zu sehen.

Sich verabschieden

Die gängigsten Formeln beim Abschied lauten:

Ngo⁵ zeo² la³!   **Zoi³ gin³!**
ich verlassen P   *wieder sehen*
Ich gehe jetzt.   Auf Wiedersehen!

🔊 **Ting¹-yed⁶ gin³.**   **Zou² teo⁴!**
morgen sehen   *früh Ruhe*
Bis morgen.   Gute Nacht!

🔊 **Fun¹-ying⁴ néi⁵ zoi³ lei⁴.**
willkommen du wieder kommen
Komm / Kommen Sie bald wieder.

In Kanton und Hongkong ist mittlerweile aber auch das englische **bye bye** sehr verbreitet.

Bitten, wünschen, danken, sich entschuldigen

Bitten

Wenn man höflich um etwas bittet, beginnt man mit: **Qing²** ... oder **M⁴-goi¹** ... (Bitte ...) – siehe dazu das Kapitel „Aufforderung, Bitte, Verbot" im Grammatikteil.

请给我...
🔊 **M⁴-goi¹ béi² ngo⁵ ...**
bitte geben ich ...
Bitte gib / geben Sie mir ...

请帮一下手.
🔊 **M⁴-goi¹ bong¹ yed¹-ha⁶ seo².**
bitte helfen einmal Hand
Bitte hilf / helfen Sie mir.

请告诉我...

M⁴-goi¹ gong² béi² ngo⁵ téng¹ ...

bitte sagen geben ich hören ...

Bitte sag / sagen Sie mir ...

请给我看看...

M⁴-goi¹ béi² ngo⁵ tei² tei² ...

bitte geben ich anschauen anschauen

Bitte zeige / zeigen Sie mir ...

请你写张单.

M⁴-goi¹ néi⁵ sé² zêng¹ dan¹.

bitte du schreiben Blatt Quittung

Schreiben Sie bitte eine Quittung.

请问...

Qing² men⁶ ...

bitte fragen ...

Eine Frage bitte, ...

An „Eine Frage bitte, ..." schließt sich im Kantonesischen ein normaler Fragesatz an, z. B.:

请问哪里是火车站?

Qing² men⁶ bin¹-dou⁶ hei⁶ fo²-cé¹ zam⁶.

bitte fragen wo sein Feuer-Wagen Haltestelle

Eine Frage bitte, wo ist der Bahnhof?

Wünschen

Das deutsche Wort „wünschen" umfasst zwei verschiedene Bedeutungen, die im Kantonesischen jeweils getrennt ausgedrückt werden:

Wenn man für sich selbst etwas wünscht, also etwas begehrt, heißt es:

🎵 **Ngo⁵ sêng² yiu³ ...**
ich wollen mögen ...
Ich hätte gerne ...

Wünscht man einem anderen etwas (z. B. Glück), dann sagt man z. B.:

🎵 **Ngo⁵ zug¹ néi⁵ man⁶ xi⁶ yu⁴ yi³!**
ich wünschen du alle Sache gemäß Wunsch
Ich wünsche dir / Ihnen alles Gute!

🎵 **Ngo⁵ zug¹ néi⁵ yed¹ lou⁶ sên⁶ fung¹!**
ich wünschen du eins Weg günstig Wind
Ich wünsche dir / Ihnen eine gute Reise!

Danken

Im Kantonesischen gibt es zwei verschiedene Dankesformeln:
    Die erstere wird benutzt, wenn man sich für ein konkretes Ding bedankt, das man erhalten hat (z. B. ein Geschenk.):

🎵 **Do¹ zé⁶!**   *viel Dank*   Vielen Dank!

Die zweitere verwendet man als Dank für eine Gefälligkeit oder geleistete Hilfe:

🎵 **M⁴-goi¹**   *Dank*   Vielen Dank!

Folgende Antworten darauf sind möglich:

M⁴ sei² hag³-héi³.
nicht brauchen bescheiden
Nichts zu danken.

M⁴ sei² m⁴-goi¹!
nicht brauchen danken
Keine Ursache.

Sich entschuldigen

Dêu³-m⁴-ju⁶!
Entschuldigung
Entschuldigung!

Qing² yun⁴-lêng⁶!
bitte verzeihen
Verzeihen Sie bitte!

Darauf kann man antworten mit:

Mou⁵ guan¹-hei⁶.
nicht-haben Beziehung
Macht nichts.

Das erste Gespräch

Sobald man in Südchina und Hongkong mit Einheimischen ins Gespräch kommt, wird man sehr schnell nicht nur nach dem Namen, sondern auch nach Beruf, Familienstand, Kindern usw. gefragt. (Bei Alter und Einkommen sind manche Leute zurückhaltender). Da dies keineswegs als indiskret gilt, sollte man keine Hemmungen haben, nach den gleichen Dingen zurückzufragen.

你叫什么名？

Néi⁵ giu³ méd¹-yé⁵ méng⁴ a¹?

du heißen was Name FP

Wie heißt du / heißen Sie?

我叫…

Ngo⁵ giu³ …

ich heißen …

Mein Name ist / Ich heiße …

你从哪里来？

Néi⁵ cung⁴ bin¹-dou⁶ lei⁴ a¹?

du her wo kommen FP

Woher kommst du / kommen Sie?

我从德国来

Ngo⁵ cung⁴ Deg¹-guog³ lei⁴-gé³.

ich her deutsch-Land kommen-P

Ich komme aus Deutschland.

你是哪个国家的人？

Néi⁵ hei⁶ bin¹ go³ guog³-ga¹-gé³ yen⁴ a¹?

du sein welches Stück Land-P Mensch FP

Welche Nationalität hast du / haben Sie?

我是德国人

Ngo⁵ hei⁶ Deg¹-guog³ yen⁴.

ich sein deutsch-Land Mensch

Ich bin Deutsche(r).

Ou³-déi⁶-léi⁶	Österreich	奥地利
Sêu⁶-xi⁶	Schweiz	瑞士
Ho⁴-lan¹	Niederlande	荷兰

你的职业是什么？

Néi⁵-gé³ jig¹-yib⁶ hei⁶ méd¹-ye⁵ a¹?

dein Beruf sein was FP

Was bist du / sind Sie von Beruf?

我是…

Ngo⁵ hei⁶ …

ich sein …

Ich bin …

Das erste Gespräch

职员	**jig¹-yun⁴**	Angestellte(r)
工人	**gung¹-yen⁴**	Arbeiter(in)
医生	**yi¹-seng¹**	Arzt / Ärztin
家庭主妇	**ga-ting⁴ ju²-fu⁵**	Hausfrau
工程师	**gung¹-qing⁴-xi¹**	Ingenieur
老师	**lou⁵-xi¹**	Lehrer(in)
秘书	**béi³-xu¹**	Sekretärin
大学生	**dai⁶-hog⁶-seng¹**	Student(in)
售货员	**seo⁶-fo³-yun⁴**	Verkäufer(in)

你在哪里工作?
Néi⁵ hei² bin¹-dou⁶ zou⁶-gung¹ a¹?
du sich-befinden wo arbeiten FP
Wo arbeitest du / arbeiten Sie?

我在...工作.
Ngo⁵ hei² ... zou⁶-yé⁵.
ich sich-befinden ... arbeiten
Ich arbeite in einem / einer ...

银行	**ngen⁴-hong⁴**	Bank
写字楼	**sé² ji⁶ leo⁴**	Büro
工厂	**gung¹-cong²**	Fabrik
公司	**gung¹-xi¹**	Firma
医院	**yi¹-yun²**	Krankenhaus
学校	**hog⁶-hao⁶**	Schule

你读什么专业?
Néi⁵ dug⁶ méd¹-yé⁵ jun¹-yib⁶ a¹?
du studieren was Fach FP
Was studierst du / studieren Sie?

我读...
Ngo⁵ dug⁶ ...
ich studieren ...
Ich studiere ...

医学	**yi¹-hog⁶**	Medizin
法律	**fad³-lêd⁶**	Recht
语言	**yu⁵-yin⁴**	Sprache
经济	**ging¹-zei³**	Wirtschaftswissenschaft

你来了这里多久了？

Néi⁵ lei⁴-zo² ni¹-dou⁶ géi²-noi⁶ a¹?

du kommen(-Verg.) hier wie-lange FP

Wie lange bist du / sind Sie schon hier?

你喜欢不喜欢这里呢？　　　　　喜欢.

Néi⁵ zung¹-yi³ m⁴ zung¹-yi³ ni¹-dou⁶ a¹?　　Zung¹-yi³.

du gern nicht gern hier FP　　　　　　*gern*

Gefällt es dir / Ihnen hier?　　　　Ja, es gefällt mir.

你住在哪里？　　　　　　我住在...

Néi⁵ ju⁶ hei² bin¹-dou⁶ a¹?　　　Ngo⁵ ju⁶ hei² ...

du wohnen sich-befinden wo FP　　*ich wohnen sich-befinden ...*

Wo wohnst du / wohnen Sie?　　Ich wohne ...

Unterwegs

Generell sollte man immer einen Stadtplan mit chinesischen Schriftzeichen in der Tasche haben. Dann kann man sich bei Orientierungsschwierigkeiten den gesuchten Ort auch auf dem Plan zeigen lassen.

... zu Fuß

请问...在哪里？

Qing² men⁶ ... hei² bin¹-dou⁶ a¹?

bitte fragen ... sich-befinden wo FP

Eine Frage bitte, wo ist / liegt ... ?

请问…怎么去？

Qing² men⁶ … dim² hêu³ a¹?

bitte fragen … wie fortgehen FP

Eine Frage bitte, wie komme ich nach / zum / zur … ?

去…有多远？

Hêu³ … yeo⁵ géi² yun⁵ a¹?

fortgehen … haben wie weit FP

Wie weit ist es nach / zum / zur … ?

…在哪 条 路？

… hei² bin¹ tiu⁴ lou⁶ a¹?

sich-befinden welches Stück Weg FP

In welcher Straße ist … ?

纪念碑	**géi³-nim⁶-béi¹**	Denkmal
教堂	**gao³-tong⁴**	Kathedrale
市场	**xi⁵-cêng⁴**	Markt
交易会	**gao¹-yig⁶-wui⁵**	Messehalle
博物馆	**bog³-med⁶-gun²**	Museum
公园	**gung¹-yun⁴**	Park
珠江	**ju¹-gong¹**	Perl-Fluss
广场	**guong²-cêng⁴**	Platz
体育中心	**tei²-yug⁶ zung¹-sem¹**	Sportzentrum
庙	**miu⁶**	Tempel
戏院	**héi³-yun²**	Theater
塔	**tab³**	Turm

我可以不可以走路去？

Ngo⁵ ho²-yi⁵ m⁴ ho²-yi⁵ hang⁴ lou⁶ hêu³ a¹?

ich können nicht können gehen Weg fortgehen FP

Kann ich zu Fuß hingehen?

我应该走哪个方向？

Ngo⁵ ying¹-goi¹ hang⁴ bin¹ go³ fong¹-hêng³ a¹?
ich sollen gehen welches Stück Richtung FP
In welche Richtung soll ich gehen?

jun² zo²-bin¹ / jun² yeo⁶-bin¹	nach links / nach rechts	转左边/转右边
jig⁶-hang⁴ / hêu³ go²-dou⁶	geradeaus / dorthin	一直走/去那边

... mit dem Taxi

In den größeren Städten wie Kanton und Shenzhen, natürlich gerade auch in Hongkong, gibt es ein Vielzahl an Taxis. Die meisten davon winkt man einfach auf der Straße heran. Für Fahrten innerhalb des Stadtkerns gilt der Preis auf dem Taxameter. Bei Fahrten an den Stadtrand oder darüber hinaus muss man den Preis dagegen aushandeln, da die Taxifahrer immer einen bestimmten Prozentsatz für ihre Rückfahrt berechnen, selbst wenn der Fahrgast dafür später ein ganz anderes Taxi nimmt. Man kann Taxis auch für einen Tagesausflug mieten. Hier empfiehlt es sich, vorher einen festen Preis zu vereinbaren. Wer es eilig hat, der findet in den Großstädten ein besonderes Angebot: Private Motorradbesitzer bieten ihre Dienste an und befördern den Fahrgast auf dem Rücksitz durch die verstopften Straßen, was auf zwei Rädern allemal schneller geht als auf vieren. Zudem sind diese Motorradtaxis in der Regel billiger als die normalen. Man erkennt sie daran, dass der Fahrer einen zweiten Helm mit sich führt.

我想去...

Ngo⁵ sêng² hêu³ ...

ich wollen fahren ...

Ich möchte nach / zum / zur ... fahren.

请去...

M⁴-goi¹ hêu³ ... !

bitte fahren ...

Bitte nach / zum / zur ...

火车站	**fo² cé¹ zam⁶**	Bahnhof
机场	**géi¹-cêng⁴**	Flughafen
码头	**ma⁵-teo⁴**	Schiffsanlegestelle
酒店	**zeo²-dim³**	Hotel
酒楼	**zeo²-leo⁴**	Restaurant
医院	**yi¹-yun²**	Krankenhaus
游乐场	**yeo⁴-log⁶-cêng⁴**	Vergnügungspark

去...多少钱?

Hêu³ ... géi²-do¹ qin⁴ a¹?

fahren ... wieviel Geld FP

Wieviel kostet die Fahrt nach / zum / zur ... ?

你可以不可以等我?

Néi⁵ ho²-yi⁵ m⁴ ho²-yi⁵ deng² ngo⁵ a¹?

du können nicht können warten ich FP

Können Sie auf mich warten?

我想租部的士一天.

Ngo⁵ sêng² zou¹ bou⁶ dig¹-xi⁶ yed¹ yed⁶?

ich wollen mieten Stück Taxi eins Tag

Ich möchte ein Taxi für einen Tag mieten.

租部的士 一天多少钱?

Zou¹ bou⁶ dig¹-xi⁶ yed¹ yed⁶ géi²-do¹ qin⁴ a¹?

mieten Stück Taxi eins Tag wieviel Geld FP

Wieviel kostet das Taxi für einen Tag?

... mit dem Bus

Fahrten mit dem Bus können ein im wahrsten Sinne des Wortes atemberaubendes Erlebnis werden. In den Großstädten sind die Busse nämlich oft hoffnungslos überfüllt. Eingepfercht wie in einer Sardinenbüchse hat der Fahrgast dann größte Mühe, sich wieder zum Ausgang durchzukämpfen. Dafür ist der Bus aber das mit Abstand billigste öffentliche Verkehrsmittel. Neben den üblichen gibt es sogenannte Sonderbusse. Sie fahren dieselben Strecken wie die normalen Busse, sind aber kleiner, schneller, teurer und weniger überfüllt. Für Fahrten zwischen verschiedenen Städten stehen Überlandbusse zur Verfügung.

去...的巴士在哪里停?

Hêu³ ... gé³ ba¹-xi⁶ hei² bin¹-dou⁶ ting⁴ a¹?

fahren ... P Bus sich-befinden wo halten FP

Wo halten die Busse nach / zum / zur ... ?

哪部巴士去...?

Bin¹ bou⁶ ba¹-xi⁶ hêu³ ... a¹?

welches Stück Bus fahren ... FP

Welcher Bus fährt nach / zum / zur ... ?

这部巴士去不去...?

Ni¹ bou⁶ ba¹-xi⁶ hêu³ m⁴ hêu³ ... a¹?

dieses Stück Bus fahren nicht fahren ... FP

Fährt dieser Bus nach / zum / zur ... ?

请一张去...的票.

M⁴-goi¹ yed¹ zêng¹ hêu³ ... gé³ piu³.

bitte eins Blatt fahren ... P Karte

Bitte eine Fahrkarte nach / zum / zur ... .

去...要不要转车?

Hêu³ ... yiu³ m⁴ yiu³ jun²-cé⁴ a¹?

fahren ... müssen nicht müssen umsteigen FP

Muss ich nach / zum / zur ... umsteigen?

我要在哪里转车?

Ngo⁵ yiu³ hei² bin¹-dou⁶ jun²-cé¹ a¹?

ich müssen sich-befinden wo umsteigen FP

Wo muss ich umsteigen?

到站请你叫我.

Dou³ zam⁶ m⁴-goi¹ néi⁵ giu³ ngo⁵.

ankommen Haltestelle bitte du rufen ich

Sagen Sie mir bitte Bescheid, wenn wir da sind.

© Cvsbbass9455@Dreamstime.com

哪里是长途车站?

🔊 **Bin¹-dou⁶ hei⁶ cêng⁴-tou⁴-cé¹ zam⁶ a¹?**

wo sein lang-Strecke-Wagen Haltestelle FP
Wo ist die Haltestelle für Überlandbusse?

去...的巴士什么时候开?

🔊 **Hêu³ ... gé³ ba¹-xi⁶ géi²-xi⁴ hoi¹ a¹?**

fahren ... P Bus wann abfahren FP
Wann fährt der Bus nach ... ?

... mit dem Zug

Wie im übrigen Land, so existiert auch im Süden Chinas noch kein sonderlich dichtes Eisenbahnnetz. Zugverbindungen bestehen nur zwischen den größeren Städten, ansonsten ist man auf Busse angewiesen. Zwischen Hongkong und Kanton verkehren regelmäßig Züge. Der Expresszug legt die Strecke in etwa 1½ Stunden zurück.

In chinesischen Zügen gibt es statt der Unterteilung in erste und zweite Klasse Abteile mit weichen und harten Sitzen, bei langen Strecken auch Schlafwagenabteile mit weichen und harten Betten.

Da die Züge das ganze Jahr hindurch überfüllt sind, ist es sehr zu empfehlen, die Fahrkarte im voraus zu kaufen.

Buchungen kann man gegen eine Extragebühr auch in Hotels und Reisebüros vornehmen. Das gilt im übrigen auch für Schiffskarten und Flugtickets.

Große Gepäckstücke muss man vor der Fahrt bei der Gepäckaufgabe abgeben. Sie werden dann in einem speziellen Waggon verstaut.

哪里是…?
Bin^1-dou^6 hei^6 … a^1?
wo sein … FP
Wo ist … ?

一张软座车票去…
Yed^1 zêng^1 yun^5 zo^6 cé^1 piu^3 hêu^3 … .
eins Blatt weich Sitz Wagen Karte fahren …
Eine Polstersitz-Karte nach … .

去…的软座车票多少钱?
Hêu^3 … gé^3 yun^5 zo^6 cé^1 piu^3 géi^2-do^1 qin^4 a^1?
fahren P weich Sitz Wagen Karte wieviel Geld FP
Wieviel kostet die Polstersitz-Karte nach … ?

去…的火车什么时候开?
Hêu^3 … gé^3 fo^2 cé^1 géi^2-xi^4 hoi^1 a^1?
fahren … P Feuer Wagen wann abfahren FP
Wann fährt der Zug nach … ab?

火车站	**fo^2 cé^1 zam^6**	Bahnhof
售票处	**seo^6-piu^3-qu^3**	Fahrkartenschalter
车票	**cé^1 piu^3**	Fahrkarte
半票	**bun^3 piu^3**	Kinderfahrkarte
来回票	**loi^4-wui^4 piu^3**	Rückfahrkarte
硬座	**ngang^6 zo^6**	Hartsitz
软座	**yun^5 zo^6**	Polstersitz
硬卧	**ngang^6 ngo^6**	Hartbett
软卧	**yun^5 ngo^6**	Polsterbett

can¹-cé¹	Speisewagen	餐车
hang⁴-léi⁵	Gepäck	行李
hang⁴-léi⁵ tog³-wen⁶-qu³	Gepäckaufgabe	行李托运处
heo⁶-cé¹-sed¹	Wartesaal	候车室
zam⁶-toi⁴	Bahnsteig	站台
dou³	Ankunft	到
hoi¹	Abfahrt	开
deg⁶-bid⁶ fai³ cé¹	Expresszug	特别快车

我想寄/领行李.

✍ **Ngo⁵ sêng² géi³ / léng⁵ hang⁴-léi⁵.**

ich wollen aufgeben / abholen Gepäck

Ich möchte mein Gepäck aufgeben / abholen.

这部火车去不去…?

Ni¹ bou⁶ fo² cé¹ hêu³ m⁴ hêu³ … a¹?

dieses Stück Feuer Wagen fahren nicht fahren … FP

Fährt dieser Zug nach … ?

这部火车有没有餐车?

✍ **Ni¹ bou⁶ fo² cé¹ yeo⁵ mou⁵ can¹-cé¹ a¹?**

dieses Stück Feuer Wagen haben nicht-haben Speisewagen FP

Hat dieser Zug einen Speisewagen?

我要不要转车?

✍ **Ngo⁵ yiu³ m⁴ yiu³ jun²-cé¹ a¹?**

ich müssen nicht müssen umsteigen FP

Muss ich umsteigen?

我要在哪里转车?

✍ **Ngo⁵ yiu³ hei² bin¹-dou⁶ jun²-cé¹ a¹?**

ich müssen sich-befinden wo umsteigen FP

Wo muss ich umsteigen?

从...来的火车是不是晚点？

Cung⁴ ... lei⁴-gé³ fo² cé¹ hei⁶ m⁴ hei⁶ qi⁴ dou³ a¹?

von ... kommen-P Feuer Wagen sein nicht sein spät ankommen FP

Hat der Zug aus ... Verspätung?

从...来的火车什么时候来到？

Cung⁴ ... lei⁴-gé³ fo² cé¹ gei²-xi⁴ dou³ a¹?

von ... kommen-P Feuer Wagen wann ankommen FP

Wann kommt der Zug aus ... an?

我可以不可以退票？

Ngo⁵ ho²-yi⁵ m⁴ ho²-yi⁵ têu³ piu³ a¹?

ich können nicht können zurückgeben Karte FP

Kann ich meine Fahrkarte zurückgeben?

... mit dem Schiff

Wichtige Schiffsverbindungen gibt es zwischen Kanton, Hongkong, Macau und der Insel Hainan. Die Fahrkarten müssen im voraus besorgt werden. Daneben kann man von Kanton aus auch Schiffstouren auf dem Perl-Fluss unternehmen, in Hongkong Hafenrundfahrten. Beides zählt – speziell in der Abenddämmerung – zu den besonderen Attraktionen.

一张去...的船票。

M⁴-goi¹ yed¹ zêng¹ hêu³ ... gé³ xun⁴ piu³.

bitte eins Blatt fahren ... P Schiff Karte

Bitte eine Schiffskarte nach ... .

这只船去不去…?

Ni¹ zég³ xun⁴ hêu³ m⁴ hêu³ … a¹?

dieses Stück Schiff fahren nicht fahren … FP

Fährt dieses Schiff nach … ?

去…的船什么时候开?

Hêu³ … gé³ xun⁴ géi²-xi⁴ hoi¹ a¹?

fahren … P Schiff wann abfahren FP

Wann fährt das Schiff nach … ab?

©YSH/FH

… im Flugzeug (Inlandsreise)

Die Zahl der Flüge ist im Vergleich zu hiesigen Regionen eher beschränkt. Es ist deshalb unbedingt zu empfehlen, sich frühzeitig um ein Ticket zu bemühen.

机场	**géi¹-cêng⁴**	Flughafen
机票	**géi¹-piu³**	Flugschein
窗口位	**cêng¹-heo²wei⁶**	Fensterplatz
登机卡	**deng¹-géi¹-ka¹**	Bordkarte
起飞	**héi²-féi¹**	Abflug
降落	**gong³-log⁶**	Ankunft, landen
机场费	**géi¹-cêng⁴ fei³**	Flughafengebühr

我想订一张去...的机票.

Ngo⁵ sêng² déng⁶ yed¹ zêng¹ hêu³ ... gé³ géi¹-piu³. 🔊

ich wollen buchen eins Blatt fahren ... P Flugkarte

Ich möchte einen Flug nach ... buchen.

去...的机票多少钱?

Hêu³ ... gé³ géi¹-piu³ géi²-do¹ qin⁴ a¹? 🔊

fahren ... P Flugkarte wieviel Geld FP

Wieviel kostet ein Flug nach ... ?

我想改机票.

Ngo⁵ sêng² goi² géi¹-piu³. 🔊

ich wollen ändern Flugkarte

Ich möchte den Flug umbuchen.

我们什么时候在...降落?

Ngo⁵déi⁶ géi²-xi⁴ hei² ... gong³-log⁶ a¹? 🔊

wir wann sich-befinden ... landen FP

Wann landen wir in ... ?

Übernachten

Die Hotelsituation in den südchinesischen Großstädten wie auch in Hongkong ist ausgezeichnet. Während man in Hongkong vorwiegend Hotels der oberen Kategorie antrifft, ist das Angebot auf dem chinesischen Festland besonders vielfältig. Das gilt speziell für Kanton. Man kann hier in Nobelherbergen wie dem berühmten „White Swan Hotel" logieren, findet aber auch eine große Anzahl einfacher und dementsprechend preisgünstiger Unterkünfte. Campen ist nur auf dem Land möglich.

Typisch ist, dass das Frühstück nicht im Preis inbegriffen ist. In den besseren Hotels kann man es extra dazubestellen; ansonsten muss sich der Reisende morgens in das fast jedem Hotel angegliederte Café oder Restaurant setzen.

Noch ein Hinweis für alle, die elektrische Geräte mitnehmen möchten: Die Stromstärke beträgt wie in Mitteleuropa 220 Volt bei 50 Hertz. Die Steckdosen sind jedoch unterschiedlich, so dass Zwischenstecker benötigt werden.

© Damrong@Dreamstime.com

哪间酒店好?

Bin¹ gan¹ zeo²-dim⁶ hou² a¹?

welches Stück Hotel gut FP

Kennen Sie ein gutes Hotel?

这间酒店在哪里?

Ni¹ gan¹ zeo²-dim⁶ hei² bin¹-dou⁶ a¹?

dieses Stück Hotel sich-befinden wo FP

Wo ist das Hotel?

我在这里订了一间房.

Ngo⁵ hei² ni¹-dou⁶ déng⁶-zo² gan¹ fong⁴.

ich sich-befinden hier bestellen(-Verg.) Stück Zimmer

Ich habe hier ein Zimmer bestellt.

你有没有一间单/双人房?

Néi⁵ yeo⁵ mou⁵ yed¹ gan¹ dan¹ / sêng¹ yen⁴ fong⁴ a¹?

du haben nicht-haben eins Stück einzeln / doppelt Mensch Zimmer FP

Ist bei Ihnen ein Einzel- / Doppelzimmer frei?

我想要一间单/双人房.

Ngo⁵ sêng² yiu³ yed¹ gan¹ dan¹ / sêng¹ yen⁴ fong⁴.

ich wollen mögen eins Stück einzeln / doppelt Mensch Zimmer

Ich hätte gerne ein Einzel- / Doppelzimmer.

你住多久?

Néi⁵ ju⁶ géi²-noi⁶ a¹?

du bleiben wie-lange FP

Wie lange bleiben Sie?

我住一晚/两天/一个星期.

Ngo⁵ ju⁶ yed¹ man⁵ / lêng⁵ yed⁶ / yed¹ go³ xing¹-kéi⁴.

ich bleiben eins Nacht / zwei Tag / eins Stück Woche

Ich bleibe eine Nacht / zwei Tage / eine Woche.

这间房多少钱一晚?

🎵 **Ni¹ gan¹ fong⁴ géi²-do¹ qin⁴ yed¹ man⁵ a¹?**

dieses Stück Zimmer wieviel Geld eins Nacht FP

Wieviel kostet das Zimmer pro Nacht?

有没有便宜些的房间?

🎵 **Yeo⁵ mou⁵ péng⁴ di₁-gé³ fong⁴ a¹?**

haben nicht-haben billig bisschen-P Zimmer FP

Gibt es noch billigere Zimmer?

这间房在几楼?

🎵 **Ni¹ gan¹ fong⁴ hei² géi² leo⁴ a¹?**

dieses Stück Zimmer sich-befinden welcher Stock FP

Auf welchem Stock ist das Zimmer?

请给我钥匙.

🎵 **M⁴-goi¹ béi² ngo⁵ tiu⁴ so²-xi⁴ la¹.**

bitte geben ich Stück Schlüssel P

Den Schlüssel, bitte.

我可以在哪里吃早餐?

🎵 **Ngo⁵ ho²-yi⁵ hei² bin¹-dou⁶ xig⁶ zou²-can¹ a¹?**

ich können sich-befinden wo essen Frühstück FP

Wo kann ich frühstücken?

我明天走.

🎵 **Ngo⁵ ting¹-yed⁶ zeo².**

ich morgen abreisen

Ich reise morgen ab.

请你结帐.

🎵 **M⁴-goi¹ néi⁵ gid³-zêng³.**

bitte du abrechnen

Die Rechnung, bitte.

收不收信用卡?

Seo¹ m⁴ seo¹ sên³-yung⁶-ka¹ a¹? 🎧

nehmen nicht nehmen Kreditkarte FP

Akzeptieren Sie Kreditkarten?

请你明天早晨五点叫醒我.

M⁴-goi¹ néi⁵ ting¹-jiu¹ ng⁵ dim² giu³-séng² ngo⁵. 🎧

bitte du morgen-früh fünf Punkt wecken ich

Wecken Sie mich bitte morgen früh um fünf Uhr.

...坏了.

... wai⁶-zo².

... kaputtgehen(-Verg.)

... funktioniert nicht.

我房间没有...

Ngo⁵ gan¹ fong⁴ mou⁵ ... 🎧

ich Stück Zimmer nicht-haben ...

In meinem Zimmer fehlt ...

fa¹-sa²	Dusche
din⁶-xi⁶-géi¹	Fernseher
fung¹-tung²	Fön
sêu²-heo⁴	Wasserhahn
seo²-gen¹	Handtuch
sam¹ ga³	Kleiderbügel
gan²	Seife
qi³-ji²	Toilettenpapier

Essen und Trinken

Ein altes chinesisches Sprichwort sagt: „Geboren werden in Suzhou, leben in Hangzhou, essen in Guangzhou, sterben in Liuzhou." Soll heißen, dass es in Guangzhou (Kanton) das beste Essen in ganz China gibt. In der Tat wird die kantonesische Küche von Feinschmeckern gerühmt. Sie ist auch die im Ausland bekannteste und am weitesten verbreitete aller chinesischen Regionalküchen. In Hongkong wird ebenfalls überwiegend kantonesisch gekocht.

Das Besondere an der kantonesischen Küche ist die Zubereitung der vielfältigen Beilagen, die zum Reis gegessen werden: Meeresfrüchte, Fleisch, Geflügel, Gemüse und Obst. Alles wird frisch zubereitet, nicht zu stark gewürzt, in kleine Stücke geschnitten und dann im Wok bei hoher Temperatur nur kurz gebraten oder gedünstet. So bleiben der natürliche Geschmack, das Aroma und die Farbe der Speisen weitgehend erhalten, ebenso die Vitamine. Wegen der kurzen Kochzeit ist das Essen zart und knusprig.

Ein besonderer Leckerbissen der kantonesischen Küche sind „Dim Sum", Snacks für den kleinen Hunger, die man unbedingt probieren sollte. „Dim Sum", zum Tee genossen, sind auch Hauptbestandteil von **yem² ca⁴** („trinken Tee"), dem sonntäglichen Familien-Brunch der Kantonesen.

Im Restaurant

Wie schon erwähnt, gehört das gemütliche Beisammensein und Speisen im Restaurant zu den beliebtesten Beschäftigungen der Menschen. So versteht es sich fast von selbst, dass das Angebot an Restaurants außergewöhnlich vielfältig ist. Es reicht von ganz einfachen bis zu regelrechten Gourmettempeln.

© photosoup@Fotolia.com

Beinahe genauso selbstverständlich ist, dass Restaurants meistens überfüllt sind. Tischreservierungen sind also empfehlenswert. Das gilt vor allem für die Tage um das chinesische Neujahrsfest und das Mittherbstfest. Fast alle Restaurants öffnen bereits zwischen fünf und sechs Uhr in der Früh. Viele Leute warten dann schon vor der Tür: Es ist die Zeit, ab der man seinen „Morgentee" trinkt und dazu „Dim Sum" isst. Die Bedienung schiebt kleine Speisewägelchen an den Tischen vorbei und man nimmt sich, was einem schmeckt.

Wann immer man im Restaurant sitzt – das erste, was dem Gast unaufgefordert serviert wird, ist das Nationalgetränk Tee. In einigen Restaurants gibt es ihn gar umsonst, andere berechnen am Ende einen Pauschalpreis, ob man nun seinen Tee getrunken hat oder nicht. Reis muss im übrigen extra bestellt werden.

Bezeichnungen für normale Restaurants:		
zeo²-leo⁴	(besseres) Restaurant	酒楼
zeo²-ga¹	(besseres) Restaurant	酒家
can¹-gun²	(einfaches) Restaurant	餐馆
fan⁶-dim³	(einfaches) Restaurant	饭店
fai³-can¹-dim³	Schnellimbiss	快餐店

Spezialitätenlokale:		
wen⁴-ten¹-pou³	(für Maultaschen-Bouillon)	云吞铺
tim⁴-xig⁶-dim³	(für süße Spezialitäten)	甜食店
zai¹-gun²	(für vegetarische Speisen)	斋馆
min⁶-pou³	(für Nudelgerichte)	面铺
hoi²-xin¹-gun²	(für Meeresfrüchte)	海鲜馆
sé⁴-can¹-gun²	(für Schlangengerichte)	蛇餐馆

我想订张台.

◊ **Ngo⁵ sêng² déng⁶ zêng¹ toi⁴.**
ich wollen reservieren Stück Tisch
Ich möchte einen Tisch reservieren.

这个位有没有人?

◊ **Ni¹ go³ wei⁶ yeo⁵ mou⁵ yen⁴ a¹?**
dieses Stück Platz haben nicht-haben Mensch FP
Ist dieser Platz frei?

请你给我餐牌.

M⁴-goi¹ néi⁵ béi² ngo⁵ can¹-pai⁴.

bitte du geben ich Speisekarte

Bringen Sie mir bitte die Speisekarte.

一把刀	**yed¹ ba² dou¹**	ein Messer
一个叉	**yed¹ go³ ca¹**	eine Gabel
一杯水	**yed¹ bui¹ sêu²**	ein Glas Wasser
一碗饭	**yed¹ wun² fan⁶**	eine Schüssel Reis

我不会看餐牌.

Ngo⁵ m⁴ wui⁵ tei² can¹-pai⁴.

ich nicht können lesen Speisekarte

Ich kann die Speisekarte nicht lesen.

请你帮我点菜.

M⁴-goi¹ néi⁵ bong¹ ngo⁵ dim²-coi³.

bitte du helfen ich auswählen-Speise

Bitte wählen Sie für mich ein Gericht aus.

我不喜欢太...

Ngo⁵ m⁴ zung¹-yi³ tai³ ... .

ich nicht gern zu ...

Ich mag es nicht zu ... .

肥	**féi⁴**	fett
咸	**ham⁴**	salzig
酸	**xun¹**	sauer
辣	**lad⁶**	scharf
甜	**tim⁴**	süß

我不吃肉.

🔊 **Ngo⁵ m⁴ xig⁶ yug⁶.**

ich nicht essen Fleisch

Ich esse kein Fleisch.

我不会用筷子.

🔊 **Ngo⁵ m⁴ wui⁵ yung⁶ fai³-ji².**

ich nicht können benutzen Stäbchen

Ich kann nicht mit Stäbchen essen.

我们要些酒.

🔊 **Ngo⁵déi⁶ yiu³ di¹ zeo².**

wir mögen bisschen Alkohol

Wir hätten gerne etwas Alkohol.

yu⁴	Fisch	鱼
yug⁶	Fleisch	肉
coi³	Gemüse	菜
hoi²-xin¹	Meeresfrüchte	海鲜

干杯 饮胜

🔊 **Gon¹ bui¹!** oder **Yem² xing³!**

trocken Glas *trinken Sieg*

Prost! Prost!

这个菜叫什么?

🔊 **Ni¹ go³ sung³ giu³ med¹-yé⁵ a¹?**

dieses Stück Gericht heißen was FP

Wie heißt dieses Gericht?

好不好吃?

Hou² m⁴ hou² xig⁶ a¹?

gut nicht gut essen FP

Wie schmeckt es Ihnen?

这顿饭很好吃.

Ni¹ can¹ fan⁶ hou² hou² xig⁶.

diese Speise Essen sehr gut essen

Das Essen schmeckt sehr gut.

你还要些什么?

Néi⁵ zung⁶ yiu³ di¹ med¹-yé⁵ a¹?

du noch mögen bisschen was FP

Möchten Sie noch etwas?

我饱了.　　　　请你结帐.

Ngo⁵ bao² la³.　　**M⁴-goi¹ néi⁵ gid³-zêng³.**

ich satt P　　　　*bitte du abrechnen*

Ich bin satt.　　　Die Rechnung, bitte.

Auswahl an Gerichten der kantonesischen Küche

拼盘	**ping¹-pun⁴**	gemischte Fleischplatte
蟹肉燕窝	**hai⁵-yug⁶ yin³-wo¹**	geschmorte Schwalbennester mit Krabben
京都烤鸭	**Ging¹-dou¹ hao¹-ab³**	gebratene Ente
板鸭	**ban²-ab³**	kantonesische Ente
八宝鸭	**bad³-bou² ab³**	Ente mit „acht Kostbarkeiten"
蚝油焖鸡	**hou⁴-yeo⁴ men¹-gei¹**	geschmortes Huhn mit Austern-Sauce
柠檬鸡	**ning⁴-mung¹ gei¹**	gebackenes Huhn mit Limone

Dung¹-gong¹ yim⁴-gug⁶-gei¹	gedämpftes Huhn mit Salz	东江盐焖鸡
ji²-bao¹ gei¹	Hühnchen in Reisblättern gebraten	纸包鸡
zêu³-gei¹	Huhn in Reiswein	醉鸡
Lo⁴-ding⁶ gei¹-keo⁴	Lo-ding-Hühnerbällchen	罗定鸡球
Hou⁴-yeo⁴ ngeo⁴-yug⁶	pfannengerührtes Rindfleisch mit Austern-Sauce	蚝油牛肉
sa¹-ca⁴ ngeo⁴-yug⁶	Sa-ca-Rindfleisch	沙茶牛肉
ga³-lé⁴ ngeo⁴-yug⁶	Rindfleisch-Curry	咖喱牛肉
Hoi²-nam⁴ ngeo⁴-yug⁶-gün²	Rindfleischröllchen Hoinam	海南牛肉卷
mui⁴-ji² pai⁴-gued¹	Schweinerippchen mit Pflaumen	梅子排骨
gu¹-lou¹ yug⁶	süßsaures Schweinefleisch	古老肉
ké⁴-zeb¹ gug⁶ lung⁴-ha¹	Langusten in Tomatensauce	茄汁焖龙虾
za³ seng¹-hou⁴	gebackene Austern	炸生蚝
hung⁴-men¹ ség⁶-ban¹-yu⁴	gedünsteter Ség-ban-Fisch	红焖石班鱼
hung⁴-xiu¹ deo⁶-fu⁶	Tofu in Sojasoße	红烧豆腐
Ding²-wu⁴ sêng⁶-sou³	Gemüse nach Dingwu-Art	鼎湖上素
za³ ha¹-keo⁴	fritierte Hummerkrabbenbällchen	炸虾球
gon¹-cao² ngeo⁴-ho²	gebr. Reisnudeln mit Rindfleisch u. Frühlingszwiebeln	干炒牛河
xun¹-lad⁶-tong¹	Sauer-Scharf-Suppe	酸辣汤
fa¹-seng¹-tong¹	Erdnusssuppe	花生汤
za³ cên¹-gün²	fritierte Frühlingsrollen	炸春卷

Frühstück

Zum Frühstück bieten sich viele Möglichkeiten: Man isst Warmes genauso wie Kaltes, süße und salzige Speisen; sogar Reis, Nudeln,

Fleisch und Gemüse finden sich auf dem Frühstückstisch.

Unter Brot versteht man entweder eine Art Rosinenbrot, Toastbrot oder eine spezielle Sorte von Teilchen. Alle sonstigen uns geläufigen Brotsorten sind unbekannt.

Westliches Frühstück bekommt man nur in den großen Hotels.

min⁶-bao¹	Brot
bag⁶-zug¹	Reisbrei
yug⁶-zug¹	Reisbrei mit Fleisch
yu⁴-zug¹	Reisbrei mit Fisch
yeo⁴-za³-guei²	fritierte Teigstange
cao²-min⁶	gebratene Nudeln
cao²-fen²	gebratene Glasnudeln
cao²-fan⁶	gebratener Reis
gao²-ji²	mit Fleisch und Gemüse gefüllte Maultaschen (Dim-Sum)
bao¹	gefüllte und gedämpfte Teigklöße (Dim-Sum)
béng²	Gebäck (Dim-Sum)
man⁶-teo⁴	Teigklöße (Dim-Sum)
ham⁴-jin¹-béng²	fritierte Teigklöße (Dim-Sum)
ha¹-gao²	gedämpfte Krabbenklößchen (Dim-Sum)
xiu¹-mai⁵	Krabbenpasteten Shao-Mai (Dim-Sum)
wen⁴-ten¹	Wantan; mit Fleisch gefüllte Bällchen (Dim-Sum)

ngeo⁴-yeo⁴	Butter
guo²-zêng³	Marmelade
med⁶-tong⁴	Honig
sug¹-mei⁵-pin²	Cornflakes
bou¹ dan⁶	gekochtes Ei
jin¹ dan⁶	Spiegelei
cao² dan⁶	Rührei

Mit Stäbchen essen

Wenn bei den ersten Versuchen, mit Stäbchen zu essen, das Fleischstück statt im Mund wieder auf dem Teller landet, sollte man nicht gleich aufgeben. Das Ganze ist nämlich leichter als es auf den ersten Blick aussieht. Man braucht lediglich ein wenig Übung und Geduld.

Das erste Stäbchen liegt unbeweglich in der Mulde zwischen Daumen und Zeigefinger und wird mit dem Ringfinger gestützt. Das zweite Stäbchen wird parallel zum ersten mit Daumen und Zeigefinger festgehalten und mit zusätzlicher Hilfe des Mittelfingers bewegt, um die Speisen greifen zu können.

Zum Reisessen benutzt man im übrigen keinen Teller, sondern eine kleine Schale. Man hält sie an die Lippen und der Reis wird mit Hilfe der Stäbchen in den Mund „geschaufelt". Die Zutaten dagegen werden mit den Stäbchen „ordnungsgemäß" in den Mund gelegt.

Essen und Trinken

Getränke

Die Hauptgetränke des täglichen Lebens sind Tee und abgekochtes Wasser. Zum einen sind sie gesund und durstlöschend. Zum anderen neutralisiert Tee, den man ohne Milch und Zucker trinkt, den Geschmack. Das Besondere der einzelnen Speisen lässt sich so besser genießen. Zu festlichen Anlässen wird auch Alkohol getrunken.

Eine Sitte, die vor allem in Südchina und Hongkong sehr weit verbreitet ist, sollte noch erwähnt werden: Sobald jemand einem anderen Gast am Tisch Tee nachgießt, klopft dieser mit den Fingern auf die Tischplatte. Er drückt mit diesem Zeichen seinen Dank aus.

茶	ca⁴	Tee
绿茶	lug⁶ ca⁴	Grüner Tee
红茶	hung⁴ ca⁴	Schwarzer Tee
花茶	fa¹ ca⁴	Jasmintee
乌龙茶	wu¹-lung⁴-ca⁴	Oolong-Tee
奶茶	nai⁵ ca⁴	Tee mit Milch
果汁	guo²-zeb¹	Fruchtsaft
橙汁	cang⁴-zeb¹	Orangensaft
矿泉水	kong³-qun⁴-sêu²	Mineralwasser
气水	héi³-sêu²	Limonade
可口可乐	ho²-heo²-ho²-log⁶	Cola
咖啡	ka¹-féi¹	Kaffee
牛奶	ngeo⁴-nai⁵	Milch
可可	ho²-ho²	Kakao

bé¹-zeo²	Bier
qing¹-dou²-bé¹	Qingdao-Bier
mei⁵-zeo²	Reiswein
bag⁶-pou⁴-tou⁴-zeo²	Weißwein
hung⁴-pou⁴-tou⁴-zeo²	Rotwein
hêng¹-ben¹	Sekt
bag⁶-lan¹-déi⁶	Brandy
mao⁴-toi⁴-zeo²	Maotai-Schnaps
wei¹-xi⁶-géi⁶	Whisky
zug¹-yib⁶-céng¹	Zhuyeqing-Schnaps

Einkaufen

Gerade Hongkong gilt als ausgesprochenes Einkaufsparadies. Man bekommt nahezu alles, was das Herz begehrt, und überdies sind die meisten Sachen billiger als im Westen oder in Japan. Mittlerweile findet man aber auch in den südchinesischen Großstädten wie Kanton oder Shenzhen ein vielfältiges Warenangebot – sichtbares Zeichen des Wirtschaftsbooms.

Dem großen Angebot entspricht die große Zahl an Anbietern. Neben den größeren Einkaufszentren und Warenhäusern gibt es nämlich zahlreiche kleine Läden und Märkte. Es lohnt sich also, Preise zu vergleichen. In den privat betriebenen Läden und auf den Märkten kann man handeln. Der Kunde sollte dort aber aufpassen, dass er sich keine Fälschungen andrehen lässt. Darüber hinaus gibt es in vielen großen Hotels Läden. Die Qualität der Artikel ist in der Regel sehr hoch – die Preise ebenso. Auf dem chinesischen Festland findet man schließlich auch noch die Freundschaftsläden. Früher nur Ausländern zugänglich, kann dort heute jeder einkaufen.

Ein Wort noch zu den Öffnungszeiten: Märkte und Geschäfte sind normalerweise sieben Tage in der Woche bis höchstens 22.00 Uhr geöffnet. Aber auch Nachtschwärmer haben noch Einkaufsmöglichkeiten: Sogenannte Nachtmärkte, auf denen hauptsächlich Kleidung und Geschenkartikel angeboten werden, sind bis 24.00 Uhr oder länger geöffnet.

© Leesniderphotoimages@Dreamstime.com

哪里有...?

Bin¹-dou⁶ yeo⁵ ... a¹?

wo haben ... FP

Wo gibt es ...?

keo³-med⁶ zung¹-sem¹	Einkaufszentrum	购物中心
bag³-fo³ gung¹-xi¹	Warenhaus	百货公司
qiu¹-keb¹ sêng¹-cêng⁴	Supermarkt	超级商场
xi⁵-cêng⁴	Markt	市场
deng¹-guong¹ yé⁶-xi⁵	Nachtmarkt	灯光夜市
yeo⁵-yi⁴ sêng¹-dim³	Freundschaftsladen	友谊商店

我想买...

Ngo⁵ sêng² mai⁵ ...

ich wollen kaufen ...

Ich möchte ... kaufen.

我想要...

Ngo⁵ sêng² yiu³ ...

ich wollen mögen ...

Ich hätte gerne ...

你有没有...?

Néi⁵ yeo⁵ mou⁵ ... a¹?

du haben nicht-haben ... FP

Haben Sie ... ?

请给我看看.

M⁴-goi¹ béi² ngo⁵ tei² tei².

bitte geben ich anschauen anschauen

Zeigen Sie mir das bitte.

我可以不可以试?

Ngo⁵ ho²-yi⁵ m⁴ ho²-yi⁵ xi³ a¹?

ich können nicht können anprobieren FP

Kann ich das anprobieren?

...多少钱?
Géi² do¹ qin⁴ ... a¹?
wieviel Geld ... FP
Wieviel kostet ... ?

这个太贵.
Ni¹ go³ tai³ guei³.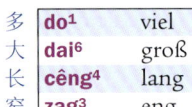
dieses Stück zu teuer
Das ist mir zu teuer.

多	**do¹**	viel	小	**xiu²**	wenig
大	**dai⁶**	groß	细	**sei³**	klein
长	**cêng⁴**	lang	短	**dün²**	kurz
窄	**zag³**	eng	阔	**fud³**	weit

便宜些可以不可以?
Péng⁴ di¹ ho²-yi⁵ m⁴ ho²-yi⁵ a¹?
billig bisschen können nicht können FP
Können Sie das billiger machen?

有没有便宜些的...?
Yeo⁵ mou⁵ péng⁴ di¹ ... a¹?
haben nicht-haben billig bisschen ... FP
Haben Sie noch billigere ...?

我买这个.
Ngo⁵ mai⁵ ni¹ go³.
ich kaufen dieses Stück
Ich kaufe das.

我不喜欢这种色.
Ngo⁵ m⁴ zung¹-yi³ ni¹ zung² xig¹.
ich nicht gern diese Sorte Farbe
Diese Farbe gefällt mir nicht.

款	**fun²** Stil	型	**ying⁴** Form

你收不收支票?

Néi⁵ seo¹ m⁴ seo¹ ji¹-piu³ a¹?

du nehmen nicht nehmen Scheck FP

Nehmen Sie Schecks?

请帮我包好它.

M⁴-goi¹ bong¹ ngo⁵ bao¹ hou² kéu⁵.

bitte helfen ich einpacken gut es

Packen Sie das bitte ein.

请你写张单.

M⁴-goi¹ néi⁵ sé² zêng¹ dan¹.

bitte du schreiben Blatt Quittung

Schreiben Sie bitte eine Quittung.

Kleidung, Geschenk- und Gebrauchsartikel			
lei⁵-fug⁶	Abendkleid	**qi⁴-héi³**	Porzellan(waren)
sei¹-zong¹	(westl.) Anzug	**lang⁵-sam¹**	Pullover, Strickjacke
seo²-biu¹	Armbanduhr	**tei³-sou¹-dou¹**	Rasierapparat
sam¹	Bluse, Hemd	**kuen⁴**	Rock
seo²-gen¹	Handtuch	**hai⁴**	Schuhe
fu³	Hose	**xi¹-ceo⁴**	Seide(nwaren)
yug⁶-héi³	Jade(waren)	**sei²-fad³-sêu²**	Shampoo
sêng³-géi¹	Kamera	**med⁶**	Socken
so¹	Kamm	**med⁶-fu³**	Strumpfhose
léng⁵-tai¹	Krawatte	**ca⁴-yib⁶**	Tee
gung¹-ngei⁶-ben²	Kunstgewerbe	**zung¹**	Uhr
péi⁴-dai³	Ledergürtel	**nao⁶-zung¹**	Wecker
péi⁴-leo¹	Lederjacke	**nga⁴-gou¹**	Zahnpasta
hêng¹-sêu²	Parfüm		

Gemüse und Getreide

ei²-gua¹	Aubergine	nga⁴-coi³	Sojasprossen
sei¹-lan⁴-fa¹	Broccoli	bo¹-coi³	Spinat
wong⁴-nga⁴-bag⁶	Chinakohl	deo⁶-gog³	Stangenbohnen
dung¹-gu¹	Winterpilze	wu⁶-teo⁴	Taro
cung¹	Frühlingszwiebeln	deo⁶-fu⁶	Tofu
céng¹-gua¹	Gurke	fan¹-ké⁴	Tomaten
xu⁴-zei²	Kartoffeln	dung¹-gua¹	Wintermelone
min⁶	Nudeln	yêng⁴-cung¹	Zwiebeln
fan⁶	Reis (gekocht)	ho⁴-lan¹-deo⁶	Zuckererbsen
mei⁵	Reis (roh)		

Obst

bo¹-lo⁴	Ananas	gem¹	Mandarine
ping⁴-guo²	Apfel	mong¹-guo²	Mango
hêng¹-jiu¹	Banane	cang⁴	Orange
léi⁴	Birne	mug⁶-gua¹	Papaya
lung⁴-ngan⁵	Longan, Drachenauge	sei¹-gua¹	Wassermelone
lei⁶-ji¹	Lychee		

Fleisch, Fisch und Geflügel

hou⁴	Auster	ha¹	Garnelen
ab³	Ente	hai⁵	Krebs
yu⁴	Fisch	lung⁴-ha¹	Languste
yug⁶	Fleisch	ngeo⁴-yug⁶	Rindfleisch
ngo⁴	Gans	ju¹-yug⁶	Schweinefleisch
gei¹	Huhn, Hähnchen		

Bank und Geld

Die chinesische Währung heißt **yen⁴-men⁴ bei⁶** (Hochchinesisch: ren-min bi). Die wörtliche Übersetzung lautet „Volksgeld". Die drei Einheiten der Währung sind **yun⁴** (Hochchinesisch: Yuan), **gog³** (Jiao), **fen¹** (Fen). Umgangssprachlich sagt man allerdings **men¹** anstatt **yun⁴**, und **hou⁴** anstatt **gog³**; **fen¹** bleibt gleich.

Hier einige Beispiele dafür, wie ein Geldbetrag ausgesprochen wird:

1 (Yuan)	**yed¹ men¹**
2.50 (Yuan)	**lêng⁵ men¹ ng⁵ hou⁴**
3.99 (Yuan)	**sam¹ men¹ geo² hou⁴ geo²**
4.05 (Yuan)	**séi³ men¹ ling⁴ ng⁵ fen¹**

Anmerkung: Das Zeichen für die chinesische Währung ist **¥**.

Geld umtauschen kann man in den großen Banken und Hotels. Der Kurs ist überall gleich. Heben sie zur Sicherheit die Quittung auf für den Fall, dass Sie am Ende Geld zurücktauschen wollen. Das „Volksgeld" kann aber auch ausgeführt werden.

Es ist auch möglich, vom Ausland aus auf chinesische Privatkonten bei der „Bank of China" bzw. deren Filialen Geld zu überweisen. Es handelt sich dabei um spezielle Konten für ausländische Währungen.

Wenn kein Konto besteht, sind natürlich nach wie vor auch telegraphische Geldüberweisungen oder Überweisungen per Scheck möglich.

Die Währung für Hongkong ist der sogenannte Hongkong-Dollar, geschrieben HK$.

Der Geldumtausch ist völlig problemlos. Neben Banken stehen dafür viele Hotels und Wechselstuben zur Verfügung. Darüber hinaus kann mit Kreditkarten an den meisten Geldautomaten Bargeld besorgt werden.

这里换不换钱?
Ni¹-dou⁶ wun⁶ m⁴ wun⁶ qin⁴ a¹?
hier umtauschen nicht umtauschen Geld FP
Kann man hier Geld umtauschen?

我可以在哪里换钱?
Ngo⁵ ho²-yi⁵ hei² bin¹-dou⁶ wun⁶ qin⁴ a¹?
ich können sich-befinden wo umtauschen Geld FP
Wo kann ich Geld umtauschen?

我想换一百欧元.
Ngo⁵ sêng² wun⁶ yed¹ bag³ Eo¹-yun⁴.
ich wollen umtauschen eins hundert Euro
Ich möchte 100 Euro umtauschen.

我想兑现这张旅行支票.
Ngo⁵ sêng² dêu³-yin⁶ ni¹ zêng¹ lêu⁵-hang⁴ ji¹-piu³.
ich wollen einlösen dieses Blatt Reise Scheck
Ich möchte diesen Reisescheck einlösen.

兑对换率是多少?

🗣 **Dêu³-wun⁶ lêd⁶ hei⁶ géi²-do¹ a¹?**

wechseln Kurs sein wieviel FP

Wie ist der Wechselkurs?

ngen⁴-hong⁴	Bank	**yun⁴**	Yuan
dêu³-wun⁶ qu³	Wechselstube	**Gong²-yun⁴**	Hongkong-$
yin⁶-gem¹	Bargeld	**Méi⁵-yun⁴**	US-Dollar
ji¹-piu³	Scheck	**lêu⁵-hang⁴ ji¹-piu³**	Reisescheck
Eo¹-yun⁴	Euro	**Sêu⁶-xi⁶ fad³-long⁴**	Franken (CH)
dêu³-wun⁶ lêd⁶	Wechselkurs	**sên³-yung⁶-ka¹**	Kreditkarte

Post

Briefe nach Europa gehen von China in der Regel ein bis zwei Wochen. Bei Päckchen und Paketen dauert es per Luftpost genauso lange, per Seefracht etwa 3 Monate. Päckchen und Pakete sollten erst auf dem Postamt zugeklebt und verschnürt werden. Vor dem Versand wird nämlich der Inhalt überprüft. Briefe können auch in den größeren Hotels aufgegeben werden.

邮局在哪里?

🗣 **Yeo⁴-gug⁶ hei² bin¹-dou⁶ a¹?**

Postamt sich-befinden wo FP

Wo ist das Postamt?

哪里有邮箱?

Bin¹-dou⁶ yeo⁵ yeo⁴ sêng¹ a¹?

wo haben Post Kasten FP

Wo gibt es einen Briefkasten?

这封信寄去德国.

Ni¹ fung¹ sên³ géi³ hêu³ Deg¹–guog³.

dieses Stück Brief schicken fortgehen deutsch-Land
Dieser Brief geht nach Deutschland.

ni¹ zêng¹ ming⁴-sên³-pin²	*dieses Blatt Postkarte*	diese Postkarte
ni¹ go³ yeo⁴ bao¹	*dieses Stück Post Päckchen*	dieses Päckchen
ni¹ go³ bao¹-guo²	*dieses Stück Paket*	dieses Paket

这封信请寄挂号.

M⁴-goi¹ ni¹ fung¹ sên³ géi³ gua³-hou⁶.

bitte dieses Stück Brief schicken einschreiben
Diesen Brief per Einschreiben, bitte.

特快	**deg⁶-fai³**	Express
航空	**hong⁴-hung¹**	Luftpost
海邮	**hoi²-yeo⁴**	Seefracht

请给我一张五元的邮票.

M⁴-goi¹ béi² ngo⁵ yed¹ zêng¹ ng⁵ men¹-gé³ yeo⁴ piu³.

bitte geben ich eins Blatt fünf Yuan-P Post Karte
Geben Sie mir bitte eine 5-Yuan-Briefmarke.

© Meccasky@Dreamstime.com

Telefonieren & Internet

Auf dem chinesischen Festland, aber auch in Hongkong gibt es nicht sonderlich viele Telefonzellen. In den meisten davon kann man auch nur Ortsgespräche führen. Will man ins Ausland telefonieren oder ein Inlands-Ferngespräch führen, muss man ein Hotel oder Telegrafenamt aufsuchen. Chinesen melden sich am Telefon mit **wei²** („Hallo").

Das Telefonieren per Handy ist sehr populär, und Mobiltelefone sind noch verbreiteter als hierzulande.

Internet-Cafés stehen in großer Zahl zur Verfügung. Die Kosten für das Surfen und Mailen sind umgerechnet äußerst niedrig.

哪里可以打电话?

Bin¹-dou⁶ ho²-yi⁵ da² din⁶ wa⁶ a¹?

wo können senden elektrisch Rede FP

Wo kann man telefonieren?

我可以不可以打个电话?

Ngo⁵ ho²-yi⁵ m⁴ ho²-yi⁵ da² go³ din⁶ wa⁶ a¹?

ich können nicht können senden Stück elektrisch Rede FP

Kann ich mal telefonieren?

我想打长途电话去...

Ngo⁵ sêng² da² cêng⁴ tou⁴ din⁶ wa⁶ hêu³ ...

ich wollen senden lang Strecke elektrisch Rede fortgehen ...

Ich möchte ein Ferngespräch nach ... .

请你帮我接通这个号码.

M⁴-goi¹ néi⁵ bong¹ ngo⁵ jib³-tung¹ ni¹ go³ hou⁶-ma⁵.

bitte du helfen ich verbinden dieses Stück Nummer

Bitte verbinden Sie mich mit dieser Nummer.

...预拨号码是多少?

... yu⁶-bud⁶ hou⁶-ma⁵ hei⁶ géi²-do¹ a¹?

... vorher-wählen Nummer sein wieviel FP

Wie ist die Vorwahlnummer für ... ?

你是谁? 我是...

Néi⁵ hei⁶ bin¹-go³ a¹? **Ngo⁵ hei⁶ ... .**

du sein wer FP *ich sein ...*

Wer ist am Apparat? Hier ist ... .

请你叫...先生听电话.

M⁴-goi¹ néi⁵ giu³ ... xin¹-seng¹ téng¹ din⁶ wa⁶.

bitte du rufen ... Herr hören elektrisch Rede

Ich möchte Herrn ... sprechen.

我想发个传真/打个电报去...

Ngo⁵ sêng² fad³ go³ qun⁴-zen¹ / da² go³ din⁶-bou³ hêu³ ...

ich wollen senden Stück Fax / senden Stück Telegramm fortgehen ...

Ich möchte ein Fax / ein Telegramm nach ... schicken.

你的手机号码是多少?

Néi⁵-gé³ seo²-géi¹ hou⁶-ma⁵ hei⁶ géi²-do¹ a¹?

dein Handy Nummer sein wieviel FP

Wie ist deine Handynummer?

你可以不可以给我你的 E-Mail 地址？

Néi⁵ ho²-yi⁵ m⁴ ho²-yi⁵ béi² ngo⁵ néi⁵-gé³ E-Mail déi⁶-ji² a¹?

du können nicht können geben ich dein E-Mail Adresse FP

Kannst du mir deine E-Mail-Adresse geben?

我的 E-Mail 地址是...

Ngo⁵-gé³ E-Mail déi⁶-ji² héi⁶ ...

mein E-Mail Adresse sein ...

Meine E-Mail-Adresse ist ... .

哪里有网巴？

Bin¹-dou⁶ yeo⁵ mong⁵-ba¹ a¹?

wo haben Internet-Café FP

Wo gibt es ein Internet-Café?

© Leungchopane@Dreamstime.com

Polizei

Während in Hongkong zumindest einige Polizeibeamte Englisch sprechen, versteht auf dem chinesischen Festland kaum ein Polizist eine Fremdsprache. Dort sollte man für den Notfall also die wichtigsten Sätze auf kantonesisch parat haben. Im allgemeinen gelten die Polizisten als hilfsbereit.

Auf dem Land gibt es keine eigenen Polizeistationen. Deren Aufgaben übernehmen die örtlichen Verwaltungen.

有人偷了我的钱包.
Yeo⁵ yen⁴ teo¹-zo² ngo⁵-gé³ ho⁴-bao¹.
haben Mensch stehlen(-Verg.) mein Portemonnaie
Mein Portemonnaie wurde gestohlen.

手表	**seo²-biu¹**	Armbanduhr
相机	**sêng³-géi¹**	Fotoapparat
手袋	**seo²-doi⁶**	Handtasche
介指	**gai³-ji²**	Ring

我想报案.
Ngo⁵ sêng² bou³ on³.
ich wollen mitteilen Rechtsfall
Ich möchte Anzeige erstatten.

我想和...谈话.
Ngo⁵ sêng² tung⁴ ... tam⁴-wa⁶.
ich wollen mit ... reden
Ich will mit ... sprechen.

dai⁶-xi²-gun²	Botschaft	大使馆
ling⁵-xi⁶-gun²	Konsulat	领事馆
lêd⁶-xi¹	Anwalt	律师

我是无罪.

🔊 **Ngo⁵ hei⁶ mou⁴-zêu⁶.**
ich sein unschuldig
Ich bin unschuldig.

Zu Gast sein

Folgt man einer Einladung nach Hause, sollte man höflicherweise ein kleines Geschenk mitbringen. Mit etwas Essbarem wie Obst oder Süßigkeiten liegt man nie verkehrt. Ist der Gastgeber ein guter Freund oder Bekannter, können ruhig auch dessen persönliche Vorlieben berücksichtigt werden. Nach der Begrüßung per Handschlag wird dem Gast sofort Tee serviert.

🔊 **Qing² yeb⁶ lei⁴ zo⁶ la¹!**
bitte herein kommen sitzen P
Bitte komm herein und setz dich! /
Bitte kommen Sie herein und setzen Sie sich!

🔊 **Qing² yem² bui¹ ca⁴ la¹!**
bitte trinken Tasse Tee P
Trink / Trinken Sie doch bitte eine Tasse Tee!

Ngo⁵ ho²-yi⁵ m⁴ ho²-yi⁵ xig⁶ yin¹ a¹?
ich können nicht können essen Zigarette FP
Darf ich rauchen?

M⁴ zou² la³.
nicht früh P
Es ist schon spät.

Ngo⁵ zeo² la³.
ich verlassen P
Ich gehe jetzt.

Do¹ zé⁶ néi⁵-gé³ yiu¹-qing².
viel Dank dein Einladung
Vielen Dank für die Einladung.

M⁴ séi² hag³-héi³.
nicht brauchen bescheiden
Nichts zu danken.

Flirt und Liebe

Früher konnte man auf den Straßen Chinas
Liebespaare kaum von „normalen" Passanten
unterscheiden. Gefühle füreinander zeigte
man nicht vor Fremden. Mittlerweile sind vor
allem die jungen Leute viel aufgeschlossener.
Küsse und Umarmungen in aller Öffentlich-
keit sind für Chinesen nichts Ungewöhnli-
ches mehr.

Doch bei aller Aufgeschlossenheit – gewisse Tabus bestehen nach wie vor. Besonders in
Fragen der Sexualität sind junge Chinesen we-
sentlich zurückhaltender als viele ihrer west-
lichen Altersgenossen.

Ngo⁵ sêng² tung⁴ néi⁵ tiu³-mou⁵.
ich wollen mit du tanzen
Ich möchte mit dir tanzen.

Néi⁵ sêng² m⁴ sêng² tung⁴ ngo⁵ hêu³ tei² héi³ a¹?
du wollen nicht wollen mit ich fortgehen anschauen Film FP
Willst du mit mir ins Kino gehen?

Ngo⁵ sêng² qing² néi⁵ xig⁶ fan⁶.
ich wollen bitten du essen Essen
Ich möchte dich zum Essen einladen.

Néi⁵ zen¹ hei⁶ hou² léng³.
du wirklich sein sehr hübsch
Du bist wirklich sehr hübsch.

Ngo⁵ oi³ néi⁵.
ich lieben du
Ich liebe dich.

Fotografieren

Besondere Beschränkungen gibt es beim Fotografieren nicht, abgesehen von militärischen Anlagen. Es ist auch ohne weiteres möglich, in Tempeln Blitzlichtaufnahmen zu machen. Wenn man Menschen fotografieren will, sollte man allerdings vorher um Erlaubnis bitten.

我可以不可以影相？
Ngo⁵ ho²-yi⁵ m⁴ ho²-yi⁵ ying² sêng³ a¹?
ich können nicht können aufnehmen Foto FP
Kann ich ein Foto machen?

禁止照相!
Gem³-ji² jiu³-sêng³!
verbieten fotografieren
Fotografieren verboten!

你可以不可以帮我影张相?
Néi⁵ ho²-yi⁵ m⁴ ho²-yi⁵ bong¹ ngo⁵ ying² zêng¹ sêng³ a¹?
du können nicht können helfen ich aufnehmen Blatt Foto FP
Können Sie bitte ein Foto für mich machen?

请你晒相.
M⁴-goi¹ néi⁵ sai³ sêng³.
bitte du entwickeln Foto
Bitte den Film entwickeln.

什么时候可以取相?
Géi²-xi⁴ ho²-yi⁵ no² sêng³ a¹?
wann können abholen Foto FP
Wann kann ich die Fotos abholen?

sêng³-géi¹	Fotoapparat
xib³-ying²-géi¹	Videokamera / Camcorder
féi¹-lem⁴	Film (für Fotoapparat)
ying² sêng³	fotografieren
xib³-ying²	filmen
sai³ sêng³	entwickeln (Film)

Toilette

Die meisten öffentlichen Toiletten sind in einem ziemlich schlechten Zustand. Wer nicht umhinkommt, sie zu benutzen, sollte auf alle Fälle darauf vorbereitet sein, kein Toilettenpapier vorzufinden. Die Toiletten in Hotels und Luxusrestaurants sind dagegen in einem ordentlichen bis sehr guten Zustand.

女厕所
nêu⁵ qi³-so²
weiblich Toilette
Damen

男厕所
nam⁴ qi³-so²
männlich Toilette
Herren

没有人
mou⁵ yen⁴
nicht-haben Mensch
frei

有人
yeo⁵ yen⁴
haben Mensch
besetzt

厕所在哪里?
Qi³-so² hei² bin¹-dou⁶ a¹?
Toilette sich-befinden wo FP
Wo ist die Toilette?

我要去厕所.
Ngo⁵ yiu³ hêu³ qi³-so².
ich müssen fortgehen Toilette
Ich muss mal auf die Toilette.

请给我厕纸.
M⁴-goi¹ béi² ngo⁵ qi³-ji².
bitte geben ich Toilettenpapier
Geben Sie mir bitte Toilettenpapier.

Krank sein

Wenn man Beschwerden hat, geht man in China normalerweise direkt ins Krankenhaus. Für jede ambulante Behandlung muss eine Gebühr bezahlt werden, nach einem längeren Krankenhausaufenthalt begleicht man die entsprechenden Kosten ebenfalls sofort. Falls man nach traditionellen chinesischen Heilmethoden behandelt werden möchte, sollte man dies gleich zu Beginn an der Rezeption sagen. Man wird dann einem entsprechenden Arzt oder einer Ärztin zugeteilt.

Bei Zahnproblemen sucht man entweder eines der normalen Krankenhäuser auf oder eine spezielle Zahnklinik.

Medikamente holt man auf Rezept direkt in der Krankenhausapotheke. Ansonsten stehen die normalen Apotheken zur Verfügung. Es gibt solche für westliche und solche für traditionelle chinesische Medizin. Diese Aufteilung findet man auch in Hongkong.

哪里有医院?
Bin¹-dou⁶ yeo⁵ yi¹-yun² a¹?
wo haben Krankenhaus FP
Wo gibt es ein Krankenhaus?

我要看病.
Ngo⁵ yiu³ tei² yi¹-seng¹.
ich brauchen anschauen Arzt
Ich brauche einen Arzt.

请你送我去医院.
M⁴-goi¹ néi⁵ sung³ ngo⁵ hêu³ yi¹-yun².
bitte du bringen ich fortgehen Krankenhaus
Bitte bringen Sie mich ins Krankenhaus.

我这里痛.
Ngo⁵ ni¹-dou⁶ tung³.
ich hier Schmerzen
Ich habe hier Schmerzen.

我发烧.
Ngo⁵ fad³-xiu¹.
ich Fieber
Ich habe Fieber.

tou⁵ tung³	Bauchschmerzen	肚痛
tou⁵-ngo¹	Durchfall	腹泻
heo⁴-lung⁴ tung³	Halsschmerzen	喉咙痛
sem¹ m⁴ xu¹-fug⁶	Herzbeschwerden	心不舒服
ked¹	Husten	咳
teo⁴ tung³	Kopfschmerzen	头痛
wei⁶ tung³	Magenschmerzen	胃痛
yi⁵ tung³	Ohrenschmerzen	耳痛
yiu¹-gued¹ tung³	Rückenschmerzen	腰骨痛
leo⁴ béi⁶-sêu²	Schnupfen	流鼻涕
bin⁶-béi³	Verstopfung	便秘
nga⁴ tung³	Zahnschmerzen	牙痛

我想呕.
Ngo⁵ sêng² ngeo².
ich wollen erbrechen
Mir ist übel.

我怀孕.
Ngo⁵ wai⁴-yen⁶.
ich schwanger
Ich bin schwanger.

我有糖尿病.
Ngo⁵ yeo⁵ tong⁴-niu⁶-béng⁶.
ich haben Zuckerkrankheit
Ich bin Diabetiker.

我有过敏症.
Ngo⁵ yeo⁵ guo³-men⁵ jing³.
ich haben Allergie Symptom
Ich bin Allergiker.

我要看中医.
Ngo⁵ sêng² tei² zung¹-yi¹.
ich wollen anschauen chinesisch-Arzt
Ich hätte gerne einen Arzt für traditionelle Medizin.

我得了什么病?

Ngo⁵ deg¹-zo² med¹-yé⁵ béng⁶ a¹?

ich bekommen(-Verg.) was Krankheit FP

Was habe ich?

你得了肠炎.

Néi⁵ deg¹-zo² cêng⁴ yim⁴.

du bekommen(-Verg.) Darm Entzündung

Sie haben eine Darminfektion.

盲肠炎	**mang⁴-cêng⁴ yim⁴**	Blinddarm-entzündung
高血压	**gou¹ hüd³ ngad³**	Bluthochdruck
低血压	**dei¹ hüd³ ngad³**	zu niedriger Blutdruck
血中毒	**hüd³ zung³-dug⁶**	Blutvergiftung
心肌梗塞	**sem¹-géi¹ geng²-seg¹**	Herzinfarkt
肾炎	**sen⁶ yim⁴**	Nierenentzündung
肺炎	**fei³ yim⁴**	Lungenentzündung
膀胱炎	**pong⁴-guong¹ yim⁴**	Blasenentzündung

你的手臂断了.

Néi⁵-gé³ seo²-béi³ tün⁵-zo².

dein Arm brechen(-Verg.)

Sie haben den Arm gebrochen.

手	**seo²**	Hand
手指	**seo²-ji²**	Finger
脚 腿	**gêg³**	Fuß, Bein
脚子	**gêg³-ji²**	Zeh
肋骨	**leg⁶-gued¹**	Rippe

我要不要住医院?

Ngo⁵ yiu³ m⁴ yiu³ ju⁶ yi¹-yun² a¹?

ich müssen nicht müssen bleiben Krankenhaus FP

Muss ich im Krankenhaus bleiben?

哪里有西/中药房?

Bin¹-dou⁶ yeo⁵ sei¹ / zung¹ yêg⁶ fong⁴ a¹?

wo haben westlich / chinesisch Medikament Zimmer FP

Wo gibt es eine Apotheke für westliche / chinesische Medizin?

我想要医腹泻的药?

Ngo⁵ sêng² yiu³ yi¹ tou⁵-ngo¹-gé³ yêg⁶.

ich wollen mögen heilen Durchfall-P Medikament

Ich hätte gerne ein Medikament gegen Durchfall.

这些药怎样服用?

Ni¹-di¹ yêg⁶ dim²-yêng⁶ xig⁶ fad³ a¹?

dieses Medikament wie essen Methode FP

Wie soll ich das Medikament nehmen?

哪里有牙医?

Bin¹-dou⁶ yeo⁵ nga⁴-yi¹ a¹?

wo haben Zahnarzt FP

Wo gibt es einen Zahnarzt?

我什么时候再来?

Ngo⁵ géi²-xi⁴ zoi³ lei⁴ a¹?

ich wann wieder kommen FP

Wann soll ich nochmal kommen?

Dringende Hilferufe

救命啊!

Geo³ méng⁶ a¹!

retten Leben P

Hilfe!

警察啊!

Ging²-cad³ a¹!

Polizei P

Polizei!

我受了伤.

Ngo⁵ seo⁶-zo² sêng¹.

ich erleiden(-Verg.) Verletzung

Ich habe mich verletzt.

请你帮帮我.

M⁴-goi¹ néi⁵ bong¹ bong¹ ngo⁵.

bitte du helfen helfen ich

Bitte helfen Sie mir.

请你叫医生来.

M⁴-goi¹ néi⁵ giu³ yi¹-seng¹.

bitte du rufen Arzt

Rufen Sie bitte einen Arzt.

请你送我去医院?

M⁴-goi¹ néi⁵ sung³ ngo⁵ hêu³ yi¹-yun².

bitte du bringen ich fortgehen Krankenhaus

Bringen Sie mich bitte ins Krankenhaus.

警察局在哪里?

Ging²-cad³-gug⁶ hei² bin¹-dou⁶ a¹?

Polizei-Amt sich-befinden wo FP

Wo ist die Polizeistation?

我丢失了我的护照.

Ngo⁵ m⁴ gin³-zo² ngo⁵-gé³ wu⁶-jiu³.

ich nicht sehen(-Verg.) mein Pass

Ich habe meinen Pass verloren.

Nichts verstanden? – Weiterlernen!

我不是很会广州话.
Ngo⁵ m⁴ hei⁶ hou² xig¹ guong²-zeo¹ wa⁶.
ich nicht sein gut kennen Kanton Rede
Ich spreche nicht gut Kantonesisch.

请你讲慢些.
M⁴-goi¹ néi⁵ gong² man⁶ di¹.
bitte du sprechen langsam bisschen
Bitte sprechen Sie etwas langsamer.

我不明白.
Ngo⁵ m⁴ ming⁴-bag⁶.
ich nicht verstehen
Ich verstehe nicht.

请你再讲一次
M⁴-goi¹ néi⁵ zoi³ gong² yed¹ qi³.
bitte du wieder sprechen eins mal
Bitte wiederholen Sie das noch einmal.

这里有没有人会讲英文?
Ni¹-dou⁶ yeo⁵ mou⁵ yen¹ xig¹ gong² ying¹-men⁴ a¹?
hier haben nicht-haben Mensch kennen sprechen englisch-Sprache FP
Spricht hier jemand Englisch?

你会不会讲德文?
Néi⁵ xig¹ m⁴ xig¹ gong² deg¹-men⁴ a¹?
du kennen nicht kennen sprechen deutsch-Sprache FP
Sprechen Sie Deutsch?

这些是什么意思?
Ni¹-di¹ hei⁶ med¹-yé⁵ yi³-xi¹ a¹?
dies sein was Bedeutung FP
Was bedeutet das?

...英文叫什么?
... ying¹-men⁴ giu³ med¹-yé⁵ a¹?
... Englisch-Sprache heißen was FP
Was heißt ... auf englisch?

yed¹ bag³ yi⁶ seb⁶ geo² **129**

你可以不可以帮我翻译？

Néi⁵ ho²-yi⁵ m⁴ ho²-yi⁵ bong¹ ngo⁵ fan¹-yig⁶ a¹?

du können nicht können helfen ich übersetzen FP

Können Sie mir das übersetzen?

这个字广州话怎样讲？

Ni¹ go³ ji⁶ guong²-zeo¹ wa⁶ dim²-yêng⁶ gong² a¹?

dieses Stück Schrift Kanton Rede wie sprechen FP

Wie wird dieses Wort auf kantonesisch ausgesprochen?

请你帮我写.

M⁴-goi¹ néi⁵ bong¹ ngo⁵ sé².

bitte du helfen ich schreiben

Bitte schreiben Sie mir das auf.

© Leesniderphotoimages@Dreamstime.com

Wörterliste Deutsch – Kantonesisch

© Kawing921@Dreamstime.com

Die folgenden Wörter-
listen enthalten einen
Grundwortschatz von
ca. 1000 Vokabeln, die
mit den Vokabeln in
den Beispielsätzen
ausgetauscht werden
können.

A

Abend ai¹-man⁵
Abendessen man⁵-fan⁶
aber dan⁶-hei⁶
abfahren hoi¹

abfliegen héi²-féi¹
abreisen zeo²
Adresse déi⁶-ji²
allein dan¹-dug⁶
alles qun⁴-bou⁶
alt (nicht jung) lou⁵;
  (nicht neu) geo⁶
Alter (Lebens-)
  nin⁴-ling⁴
Andenken géi³-nim⁶-ben²
anfangen hoi¹-qi²
Angestellte(r) jig¹-yun⁴
Angst géng¹
ankommen; Ankunft
  dou³
anrufen da² din⁶ wa⁶
anschauen tei²
Antiquität gu²-dung²
Antwort; antworten
  wui⁴-dab³
Apotheke yêg⁶ fong⁴
Appetit wei²-heo²
Arbeit gung¹-zog³
arbeiten zou⁶-gung¹
Arbeiter(in) gung¹-yen⁴
arm kung⁴
Aroma fong¹-hêng¹
Arzt (Ärztin) yi¹-seng¹
Asien a³-zeo¹
auch ya⁵
auf sêng⁶-bin¹

Aufenthalt ting⁴-leo⁴
aufhören ting⁴-ji²
aufstehen héi²-sen¹
aufwachen séng²
aus (woher?) cung⁴...lei⁴
Ausfuhr; Ausgang
  cêd¹-heo²
ausgezeichnet
  hou² hou²
Auskunft ji¹-sên¹
Ausland ngoi⁶-guog³
Ausländer
  ngoi⁶-guog³ yen⁴
ausländisch
  ngoi⁶-guog³-gé³
Ausreise cêd¹-ging²
Aussprache fad³-yem¹
aussteigen log⁶-cé¹
Ausstellung jin²-lam⁵
Ausweis jing³-gin⁶
Auto cé¹

B

Badeanzug yeo⁴-wing⁶ yi¹
Badehose yeo⁴-wing⁶ fu³
baden cung¹-lêng⁴
Badezimmer
  cung¹-lêng⁴ fong⁴
Bahnhof fo² cé¹ zam⁶

Bahnsteig zam⁶-toi⁴
bald hou² fai³
Bank ngen⁴-hong⁴
Bargeld yin⁶-gem¹
Batterie din⁶-sem¹
bauen gin³-zug¹
Bauer nung⁴-men⁴
Baum xu⁶
beantragen sen¹-qing²
Bedeutung yi³-xi¹
Bedienung fug⁶-mou⁶
beeilen, sich gon²-fai³
beenden gid³-cug¹
begleiten pui⁴-tung⁴
begrüßen da²-jiu¹-fu¹
behandeln (Krankenh.)
  ji⁶-liu⁴
Behörde dong¹-gug⁶
Beispiel lei⁶-ji²
bekannt sug⁶-xig¹
Bekannte(r) sug⁶-yen⁴
bekanntmachen, sich
  gai³-xiu⁶
Beleg seo¹-gêu³
beleidigen deg¹-zêu⁶
benachrichtigen
  tung¹-ji¹
benutzen yung⁶
bequem xu¹-fug⁶
Berg san¹
Beruf jig¹-yib⁶
berühmt cêd¹-méng⁴
Beschwerde yi³-gin³

beschweren, sich
  mai⁴-yun³
besichtigen yeo⁴-lam⁵
Besitzer yib⁶-ju²
besonders deg⁶-bid⁶
besser geng³ hou²
Besteck can¹-gêu⁶
bestellen déng⁶
bestrafen qu³-fed⁶
Besuch; besuchen
  (Person) tam³;
  b. (Land) fong²-men⁶
betrügen héi¹-pin³
betrunken yem² zêu³
Bett cong⁴
Bettzeug
  cong⁴-sêng⁶ yung⁶-ben²
bevor ji¹-qin⁴
Beweis jing³-gêu³
bezahlen gao¹ qin³
Bier bé¹-zeo²
Bild wa²
billig péng⁴
Binde (Damen-)
  wei⁶-seng¹ gen¹
bis jig⁶-dou³
bisschen di¹
Bitte; bitten qing²
bitter fu²
Blatt (Papier) zêng¹
bleiben ju⁶
Bleistift yun⁴ bed¹
Blume fa¹

Botschaft (dipl.)
  dai⁶-xi²-gun²
Brauch fung¹-zug⁶
brauchen sei², yiu³
breit fud³
Brief sên³
Briefmarke yeo⁴-piu³
Briefumschlag
  sên³-fung¹
Brille ngan⁵ géng³
bringen sung³, dai³-lei⁴
Brot min⁶-bao¹
Brücke kiu⁴
Bruder hing¹ dei⁶
Brust hung¹
Buch xu¹
buchen déng⁶
Buchstabe ji⁶-mou⁵
bunt coi²-xig¹
Büro sé² ji⁶ leo⁴
Bus ba¹-xi⁶

C

Café can¹-téng¹
Chauffeur xi¹-géi¹
Chinese (-in)
  zung¹-guog³ yen⁴
chinesisch
  zung¹-guog³-gé³
Chinesisch zung¹-men⁴
Computer din⁶ nou⁵

D

da go[2]-dou[6]

Dach ug[1]-déng[2]

danach heo[6]-lei[4]

danke; danken
do[1] zé[6], m[4]-goi[1]

dann yin[4]-heo[6]

Datum yed[6]-kéi[4]

dauern qi[4]-zug[6]

Decke (Bett-)
cong[4]-dan[1]

dein(e) néi[5]-gé[3]

denken sêng[2]

Denkmal géi[3]-nim[6]-béi[1]

deutsch deg[1]-guog[3]-gé[3]

Deutsch deg[1]-men[4]

Deutsche(r)
deg[1]-guog[3] yen[4]

Devisen ngoi[6]-wui[6]

Dialekt fong[1]-yin[4]

dick (Menschen) féi[4];
(Sachen) heo[5]

Dieb ho[4]-bao[1] yeo[5]

dies(e,-r,-s) ni[1]-go[3]

Ding yé[5]

Diskothek yé[6]-zung[2]-wui[5]

Dokument men[4]-gin[6]

Dolmetscher fan[1]-yig[6]

Dorf qun[1]

dort go[2]-dou[6]

dringend gen[2]-geb[1]

du néi[5]

Duft hêng[1]

dumm cên[2]

dunkel em[3]

dünn (mager) seo[3];
(Sachen) bog[6];
(flüssig) héi[1]

durch (hindurch)
tung[1]-guo[3]

Durchfall tou[5]-ngo[1]

dürfen ho[2]-yi[5]

Durst haben heo[2] gon[1]

Dynastie qiu[4]-doi[6]

E

echt zen[1]-gé[3]

Ehefrau tai[3]-tai[3]

Ehemann xin[1]-seng[1]

Ehepaar fu[1]-cei[1]

Ei dan[6]

Eigentum coi[4]-can[2]

einander wu[6]-sêng[1]

einfach gan[2]-dan[1]

Einfuhr zên[3]-heo[2]

Eingang yeb[6]-heo[2]

einige géi[2] go[3]

einladen; Einladung
yiu[1]-qing[2]

einmal yed[1] qi[3]

Einreise yeb[6]-ging[2]

einsteigen sêng[5]-cé[1]

eintreten yeb[6]-lei[4]

Eintrittskarte
yeb[6]-cêng[4] piu[3]

einverstanden tung[4]-yi[3]

Einwohner gêu[1]-men[4]

Eis bing[1]

Eisenbahn fo[2] cé[1]

elektrisch din[6]

Eltern fu[6] mou[5]

empfangen jib[3]-doi[6]

Empfänger seo[1]-gin[6] yen[4]

empfehlen gai[3]-xiu[6]

Ende yun[4]

eng zag[3]

englisch ying[1]-guog[3]-gé[3]

Englisch ying[1]-men[4]

Engländer(in) ying[1]-
guog[3] yen[4]

Enkel(in) xun[1]

entscheiden, sich
küd[3]-ding[6]

entschuldigen, sich
dou[6]-hib[3]

er kéu[5]

Erde déi[6], déi[6] keo[4]

Ereignis xi[6]-gin[6]

Erfolg xing[4]-gung[1]

erhalten seo[1]-dou[3]

erholen, sich yeo[1]-yêng[5]

erinnern, sich géi[3]-deg[1]

erkältet sein gem[2]-mou[6]

erklären gai[2]-xig[1]

erlauben wen[5]-hêu[2]

Erlaubnis hêu[2]-ho[2]

Ermäßigung yeo¹-wei⁶

erzählen gou³-sou³

essen xig⁶

Essen fan⁶;

 (westlich) sei¹-can¹

Etage ceng⁴

etwa (ungefähr)

 dai⁶-koi³

etwas (ein bisschen)

 di¹

euer(e) néi⁵déi⁶-gé³

Europa eo¹-zeo¹

F

Fabrik gung¹-cong²

Faden xin³

Fähre xun⁴

fahren (selbst) hoi¹-cé¹;

 (mit Bus usw.)

 dab³-cé¹

Fahrkarte cé¹ piu³

Fahrplan

 hoi¹-cé¹ xi⁴-gan³-biu²

Fahrpreis piu³-ga³

Fahrrad dan¹-cé¹

Fahrstuhl din⁶-tei¹

falsch co³

Familie ga¹-ting⁴

Familienname xing³

Farbe xig¹

faul (träge) lan⁵;

 (Obst) nan⁶

Fehler küd³-dim²

Feier; feiern hing³-zug¹

feilschen

 tou²-ga³-wan⁴-ga³

Feld tin⁴

Fenster cêng¹

Ferien ga³-kéi⁴;

 F. verbringen

 hêu³ dou⁶-ga³

fern yun⁵

Fernsehgerät

 din⁶-xi⁶-géi¹

fertig yun⁴-xing⁴

fest gen²

Fest jid³ yed⁶

feucht qiu⁴-seb¹

Fieber fad³-xiu¹

Film (Foto) féi¹-lem⁴;

 (Kino) héi³

finden wen²-dou³

Finger seo²-ji²

Firma gung¹-xi¹

Fisch yu⁴

Flasche zên¹

Fleisch yug⁶

fleißig ken⁴-lig⁶

fliegen féi¹

Flughafen géi¹-cêng⁴

Flugticket géi¹-piu³

Flugzeug féi¹-géi¹

Fluss ho⁴; gong¹

Formular biu²-gag³

fortgehen hêu³

Fotoapparat sêng³-géi¹

fotografieren ying² sêng³

Frage men⁶-tei⁴

fragen men⁶

Französisch fad³-men⁴

Frau tai³(-tai³)

Fräulein xiu²-zé²

Freiheit ji⁶-yeo⁴

fremd ngoi⁶-hong⁴

freuen, sich hoi¹-sem¹

Freund(in) peng⁴-yeo⁵

freundlich yeo⁵-hou²

Freundschaft yeo⁵-yi⁴

Frieden wo⁴-ping⁴

frisch sen¹-xin¹

fröhlich gou¹-hing³

Frucht guo²-sed⁶

früh zou²

Frühling cên¹ tin¹

Frühstück zou² can¹

frühstücken

 xig⁶ zou² can¹

fühlen, sich gog³-deg¹

Führung (Reise-)

 dou⁶-yeo⁴

fürchten, sich pa³

Fuß gêg³

G

Gabel ca^1
ganz qun^4-bou^6
Garten fa^1-yun^4
Gasse hong^6
Gast hag^3-yen^4
Gastfreundschaft
 hou^3-hag^3
Gastgeber ju^2 yen^4
Gaststätte can^1-téng^1
Gebäck béng^2; dim^2-sem^1
Gebäude leo^4
geben béi^2
Gebirge san^1-meg^6
Gebühr fei^3
Geburtstag seng^1 yed^6
gefährlich ngei^4-him^2
Gefängnis gam^1-yug^6
Gefäß yung^4-héi^3
Gefühl gem^2-gog^3
gegen wei^4-fan^2
Gegend déi^6-kêu^1
gegenüber dêu^3-min^6
gehen hang^4
Geld qin^4
Gemüse coi^3
gemütlich xu^1-xig^1
genau zên^2-kog^3
genug zug^1-geo^3
Gepäck hang^4-léi^5
geradeaus jig^6 hang^4
gern zung^1-yi^3

Geschäft (Tätigkeit)
 seng^1-yi^3;
 (Laden) sêng^1-dim^3
Geschenk lei^5-med^6
Geschichte (Historie)
 lig^6-xi^2;
 (Erzählung) gu^3-xi^6
Geschmack méi^6-dou^6
Geschwister ji^2 mui^6
Gesellschaft sé^5-wui^5
Gesetz fad^3-lêd^6
Gespräch tam^4-wa^6
gestern kem^4-yed^6
gesund; Gesundheit
 gin^6-hong^1
Getränk yem^2-ben^2
Gewicht cung^5-lêng^6
gewöhnen (an-), sich
 zab^6-guan^3
Gewürz hêng^1-liu^6
Gift dug^6
Glas (Trink-) sêu^2 bui^1;
 (Material) bo^1-léi^1
glauben sên^3
Glück; glücklich
 heng^6-wen^6
Gold gem^1
Gott sêng^6-dei^3
Gramm heg^1
Grammatik yu^5 fad^3
Gras cou^2
gratulieren gung^1-héi^2
Grenze bin^1-gai^3

Grippe leo^4-gem^2
groß dai^6
Größe (Kleidung) ma^5
Großmutter (väterlich)
 ma^4;
 (mütterlich) po^4
Großvater (väterlich)
 yé^4;
 (mütterlich) gung^1
Gruppe zou^2
grüßen men^6-heo^6
gültig yeo^5-hao^6
gut hou^2

H

haben yeo^5
Hafen gong^2(-heo^2)
Hälfte bun^3
halten ting^4
Haltestelle zam^6
Handel meo^6-yig^6
hart ngang^6
Haus ug^1
Hausfrau ga^1-ting^4 ju^2 fu^5
heben toi^4-héi^2
Heftpflaster gao^1-bou^3
Heimat ga^1-hêng^1
heiraten gid^3-fen^1
heiß yid^6
heißen giu^3
helfen bong^1
hell guong^1

Herbst ceo^1 tin^1
Herr xin^1-seng^1
Herz sem^1 (-zong^6)
herzlich xing^4-hen^2
heute gem^1 yed^6
hier ni^1-dou^6
Hilfe bong^1-mong^4
hinten heo^6-bin^1
hoch gou^1
Hochzeit fen^1-lei^5
hoffen héi^1-mong^6
höflich yeo^5-lei^5
Holz mug^6
hören têng^1
Hotel (besser) zeo^2-dim^3;
(**einfach**) lêu^5-dim^3
hübsch léng^3
hungrig sein tou^5-ngo^6

I

ich ngo^5
ihr(e) (Ez.) kéu^5-gé^3;
(**Mz.**) kéu^{5}déi^6-gé^3
Ihr/e (Ez.) néi^5-gé^3;
(**Mz.**) néi^{5}déi^6-gé^3
immer zung^2-hei^6
impfen da^2 yu^6-fong^4 zem^1
Industrie gung^1-yib^6
Information tung^1-ji^1

informieren, sich
sên^1-men^6
Inland guog^3 noi^6
Insekt cung^4
Insel dou^2
interessant
yen^5-yen^4-yeb^6-xing^3
international guog^3-zei^3

J

ja hei^6
Jahr nin^4
Jahreszeit guei^3
jährlich mui^5 nin^4
jeder mui^5
jedesmal mui^5 qi^3
jemand yeo^5 yen^4
jener go^2 go^3
jetzt yi^4-ga^1
Journalist(in) géi^3-zé^2
jung nin^4-qing^1
Junge nam^4-zei^2

K

Kaiser wong^4-dei^3
kalt dung^3
kaputt nan^6
Karte piu^3
Kasse seo^1-fun^2-qu^3

kaufen mai^5
kennen xig^1
Kind (allgemein)
sei^3-lou^6;
(**eigenes**) zei^2 nêu^5
Kino héi^3-yun^2
Kirche gao^3-tong^4
Kleid (traditionell)
kéi^4-pou^4
Kleidung sam^1
klein sei^3
klug cung^1-ming^4
kochen ju^2
Koffer gib^1
kommen lei^4
kompliziert fug^1-zab^6
Kondom béi^6-yen^6-tou^3
können (erlaubt sein)
ho^2-yi^5;
(**Fähigkeit**) wui^5
Konsulat ling^5-xi^6-gun^2
kontrollieren gim^2-ca^4
Konzert yem^1-ngog^6 wui^5
kosten (probieren)
xi^3 méi^6;
(**Preis**) fa^1-fei^3
kostenlos min^5-fei^3
krank; Krankheit béng^6
Krankenhaus yi^1-yun^2
Krankenschwester
wu^6-xi^6
Küche qu^4-fong^4
kühl lang^5

Kühlschrank bing¹ sêng¹
Kunst ngei⁶-sêd⁶
Kunsthandwerk (Ware)
  gung¹-ngei⁶-ben²
kurz dün²
küssen men⁵

lächeln méi⁴-xiu³
lachen xiu³
Lage (geografisch)
  wei⁶-ji³
Laken cong⁴-dan¹
Lampe deng¹
Land guog³
Landkarte déi⁶-tou⁴
Landschaft fung¹-ging²
Landwirtschaft
  nung⁴-yib⁶
lang cêng⁴
lange (Zeit) noi⁶
langsam man⁶
langweilig mou⁴-liu⁴
laufen pao²
laut cou⁴
leben seng¹-wud⁶
Leben méng⁶; seng¹-wud⁶
Lebensmittel xig⁶-ben²
ledig méi⁶-fen¹
leer hung¹

legen fong³-dei¹
lehren gao³
Lehrer(in) lou⁵-xi¹
leicht (Gewicht) héng¹
leihen, sich (von) zé³
lernen hog⁶
lesen (durch-) tei²;
  (vor-) dug⁶
Leute yen⁴
Licht deng¹ guong¹
lieben oi³
Lied go¹
liegen fong³-hei²
links zo²-bin¹
Loch lung¹
Löffel geng¹
Lohn gung¹-ji¹
lügen gong² dai⁶-wa⁶
lustig yeo⁵-cêu³

machen zou⁶
Mädchen nêu⁵-zei²
malen wag⁶
man yen⁴
Manager ging¹-léi⁵
manchmal yeo⁵-xi⁴
Mann (allgemein)
  nam⁴ yen⁴;
  (Ehemann) xin¹-seng¹

Markt xi⁵-cêng⁴
Medikament yêg⁶
Meer hoi²
mehr do¹
mein(e) ngo⁵-gé³
Menge sou³-lêng⁶
Mensch yen⁴
merken, sich fad³-gog³
Messer dou¹
mieten zou¹
Minute fen¹
Mittag an³-zeo³
Mittagessen ng⁵-fan⁶
Mode xi⁴-hing¹
möglich ho²-neng⁴
Monat yud⁶
morgen ting¹-yed⁶
Motorrad mo¹-tog³
Mücke men¹
müde gui⁶
Müll lab⁶-sab³
Museum bog³-med⁶-gun²
Musik yem¹-ngog⁶
müssen yiu³
Mutter ma¹ (-ma¹)

Nachmittag ha⁶-zeo³
Nachname xing³
Nachricht sen¹-men⁴

nächstes Mal ha⁶ qi³
Nacht yé⁶-man⁵
Nachtmarkt yé⁶-xi⁵
Nadel zem¹
nah ken⁵
Name méng⁴
nass seb¹
Nationalität guog³-jig⁶
Natur bun²-zed¹
natürlich (n. künstlich) ji⁶-yin⁴
neben pong⁴-bin¹
nehmen seo¹
neu sen¹
neugierig hou³-kéi⁴
nicht(s) m⁴
niedrig dei¹
niemals méi⁶
niemand mou⁵ yen⁴
nirgendwo(hin) mou⁵ qu³
noch zung⁶;
  n. einmal cung⁴-sen¹
Norden beg¹-bou⁶
normal jing³-sêng⁴
notwendig bid¹-yiu³
Nummer hou⁶-ma⁵
nur ji²-hei⁶

O

ob xi⁶-feo²

oben sêng⁶-bin¹
Obst seng¹-guo²
oder wag⁶-zé²;
  (im Fragesatz) yig¹-wag⁶
öffnen da²-hoi¹
oft ging¹-sêng⁴
ohne mou⁵
Öl yeo⁴
Organ héi³-gun¹
organisieren zou²-jig¹
Ort déi⁶-fong¹
Osten dung¹-bou⁶
Österreicher(in) Ou³-déi⁶-léi⁶ yen⁴

P / Q

paar géi² go³
Paar yed¹-dêu³
Päckchen yeo⁴-bao¹
Paket bao¹-guo²
Palast gung¹-din⁶
Papier ji²
Park gung¹-yun⁴
Pass wu⁶-jiu³
Patient béng⁶ yen⁴
Pause yeo¹-xig¹
Person yen⁴
Pflanze jig⁶-med⁶
Plan gei³-wag⁶

Platz (in Stadt) guong²-cêng⁴;
  (Sitz-) wei⁶
plötzlich ded⁶-yin⁴
Politik jing³-ji⁶
Polizei ging²-cad³
Porzellan tou⁴-qi⁴
Postamt yeo⁴-gug⁶
Postkarte ming⁴-sên³-pin²
Preis ga³-qin⁴
privat xi¹-yen⁴
Problem nan⁴-tei⁴
Programm jid³-mug⁶
Prospekt guong²-gou³
Provinz sang²
pünktlich zên²-xi⁴
Qualität zed¹-lêng⁶
Quittung dan¹

R

Radio(gerät) seo¹-yem¹-géi¹
Rat gin³-yi⁵
rauchen xig⁶ yin¹
Raum fong⁴
rechnen gei³-xun³
Rechnung dan¹
Recht (Gesetz) fad³-lêd⁶
rechts yeo⁶-bin¹
Rede wa⁶

Regen yu⁵
Regenschirm zé¹
registrieren deng¹-géi³
reich fu³
reif xing⁴-sug⁶
reinigen gon¹ sei²
Reis (gekocht) fan⁶;
  (roh) mei⁵
Reise; reisen lêu⁵-hang⁴
Reisebüro lêu⁵-hang⁴-sé⁵
reparieren seo¹-léi⁵
reservieren déng⁶
Restaurant (besser)
  zeo²-ga¹;
  (einfach) fan⁶-dim³
Rettungswagen
  geo³-wu⁶-cé¹
richtig dêu³
Richtung fong¹-hêng³
roh seng¹
Rückfahrt wui⁴-qing⁴
Rucksack bui³-long⁴
rückständig log⁶-heo⁶
rufen giu³
Ruhe jing⁶

Sache (Angelegenheit)
  xi⁶
sagen gong²
Salbe yêg⁶-gou¹

Salz yim⁴
sammeln seo¹-zab⁶
Sand sa¹
satt bao²
Satz (Sprache)
  gêu³-ji²
sauber gon¹-zéng⁶
sauer (Geschmack)
  xun¹
Schallplatte cêng³-pin²
scharf (Geschmack)
  lad⁶
Scheck ji¹-piu³
Schere gao³-jin²
schicken géi³
Schiff xun⁴
schlafen fen³-gao³
Schlafzimmer sêu⁶-fong⁴
schlagen da²
schlecht (Gefühl)
  m⁴-xu¹-fug⁶
Schloss (Gebäude)
  gung¹-din⁶
Schlüssel so²-xi⁴
schmackhaft ho²-heo²
Schmerz; schmerzen
  tung³
Schmuck seo²-xig¹
schmutzig wu¹-zou¹
Schnaps xiu¹-zeo²
schnell fai³
schon yi⁵-ging¹
schön léng³

schreiben sé²
schreien giu³
Schrift ji⁶
Schuh hai⁴
schuldig yeo⁵-zêu⁶
Schule hog⁶-hao⁶
Schüler(in) hog⁶-seng¹
schwanger wai⁴-yen⁶
Schweizer(in)
  sêu⁶-xi⁶ yen⁴
schwer (Gewicht) cung⁵
Schwester (ältere)
  ga¹-zé²;
  (jüngere) mui⁶
schwierig nan⁴
schwimmen yeo⁴-sêu²
schwitzen cêd¹-hon³
See hoi²
sehen gin³
Sehenswürdigkeit
  ming⁴-xing³-gu²-jig¹
Seide xi¹-ceo⁴
Seife gan²
Seil lam⁶
sein (Verb) hei⁶
sein(e) kéu⁵-gé³
seit ji⁶-cung⁴
Sekunde miu⁵
selbst ji⁶-géi²
setzen, sich co⁵-dei¹
sicher on¹-qun⁴
sie (Ez.) kéu⁵;
  (Mz.) kéu⁵déi⁶

Sie néi[5]
Silber ngen[4]
singen cêng[3] go[1]
Sitte fung[1]-zug[6]
sitzen co[5];
  (passen) heb[6]-sen[1]
sofort jig[1]-heg[1]
Sohn zei[2]
solch(e, -er, -es)
  gem[2]-yêng[6]
sollen ying[1]-goi[1]
Sommer ha[6] tin[1]
Sonne tai[3]-yêng[4]
sparen jig[1]-cug[1]
spät qi[4]
spazierengehen
  san[3]-bou[6]
Speise sung[3]
Speisekarte can[1]-pai[4]
spielen wan[2]
Spielzeug wun[6]-gêu[6]
Sport wen[6]-dung[6]
Sprache men[4]; yu[5]-yin[4]
sprechen gong[2]
Staatsangehörigkeit
  guog[3]-jig[6]
Stäbchen fai[3]-ji[2]
Stadt xing[4]-xi[5]
stark kêng[4]
stehen kéi[5]
Stein ség[6]
Stelle (Ort) déi[6]-fong[1]
stellen fong[3]

sterben séi[2]
Stil fun[2]
Stimme xing[1]
Stoff coi[4]-liu[6]
stören da[2]-yiu[5]
Strafe qing[4]-fed[6]
Strand hoi[2]-tan[1]
Straße gai[1]
Streichholz fo[2]-cai[4]
streiten zeng[1]-cao[2]
Stück go[3]
Student dai[6]-hog[6]-seng[1]
Stunde zung[1]
suchen wen[2]
Süden nam[4]-bou[6]
Summe zung[2]-sou[3]
Suppe tong[1]
süß tim[4]

T

Tabak yin[1]
Tablette yêg[6]-yun[2]
Tag yed[6]
täglich mui[5] yed[6]
Tampon wei[6]-seng[1] tiu[4]
tanzen tiu[3]-mou[5]
Tasche doi[6]
Tasse ca[4] bui[1]
Taxi dig[1]-xi[6]
Tee ca[4]
Telefon din[6] wa[6]

telefonieren
  da[2] din[6] wa[6]
Telegramm din[6]-bou[3]
teuer guei[3]
Theater kég[6]-yun[2]
tief sem[1]
Tier dung[6]-med[6]
Tochter nêu[5]
Toilette qi[3]-so[2]
Toilettenpapier qi[3]-ji[2]
töten sad[3]
Tradition zab[6]-guan[3]
tragen toi[4]
traurig béi[1]-oi[1]
treffen (begegnen)
  gin[3] min[6]
Treppe leo[4]-tei[1]
trinken yem[2]
Trinkgeld tib[1]-xi[2]
trocken gon[1]
tun zou[6]
Tür mun[4]
Turm tab[3]

U

üben lin[6]-zab[6]
über (zeitl.) qiu[1]-guo[3]
überall dou[3]-qu[3]
übermorgen heo[6] yed[6]
Übernachtung guo[3]-yé[6]

übersetzen; Übersetzer
fan^1-yig^6

Überweisung wui^6-fun^2

übrig kéi^4-yu^4

Uhr zung^1

Umgebung zeo^1-wei^4

Umleitung goi^2-dou^6

umtauschen wun^6

Umweg wan^1 lou^6

Umwelt wan^4-ging^2

unbekannt m^4 ying^6-xig^1

und tung^4

Unfall xi^6-gu^3

Universität dai^6-hog^6

unschuldig mou^4-zêu^6

unser(e) ngo^{5}déi^6-gé^3

unten ha^6-bin^1

Unterhaltung yu^4-log^6

Unterkunft ju^6-qu^3

unterrichten gao^3

unterschreiben
qim^1-méng^4

Urlaub ga^3-kéi^4

Valuta ngoi^6-wui^6

Vater ba^1 (-ba^1)

Ventilator fung^1-xin^3

verabreden, sich
yêg^3-ding^6

Verabredung yêg^3-wui^6

verabschieden, sich
gou^3-bid^6

verboten gem^3-ji^2

Verbrechen fan^6-zêu^6

verdienen (Geld)
seo^1-yeb^6

vergessen m^4 géi^3-deg^1

vergnügen, sich yu^4-fai^3

verkaufen mai^6

verlassen zeo^2

verletzt; Verletzung
sêng^1

verlieben, sich oi^3-sêng^5

verlieren (Ding)
m^4 gin^3-zo^2

vermieten cêd^1-zou^1

Vermittlung gai^3-xiu^6

Versicherung bou^2-him^2

verspäten, sich qi^4-dou^3

versprechen, sich
gong^2 co^3

verstehen ming^4-bag^6

versuchen sêng^4-xi^3

viel do^1

vielleicht ho^2-neng^4

Vogel zêg^3

Volk yen^4-men^4

voll mun^5

von cung^4

vor (zeitlich) ji^1-qin^4

vorbereiten zên^2-béi^6

vorgestern qin^4 yed^6

vorher xi^6 qin^4

Vormittag sêng^6-zeo^3

Vorname méng^4

vorne qin^4-bin^1

vorschlagen tei^4-yi^5

vorstellen, sich gai^3-xiu^6

Vorwahlnummer
yu^6-bud^6 hou^6-ma^5

Wagen cé^1

wahr zen^1

während xi^4-heo^6

Wald sem^1-lem^4

Wand cêng^4

wandern man^6-yeo^4

wann géi^2-xi^4

Ware sêng^1-ben^2

warm nün^5

warten deng^2

warum dim^2-gai^2

was med^1-yé^5

waschen sei^2

Wasser sêu^2

Watte yêg^6-min^4

wechseln (Geld)
dêu^3-wun^6

wecken giu^3 séng^2

Weg lou^6

wegen yeo^4-yu^1

weiblich nêu^5

weil yen^1-wei^6

weinen ham^3
weit yun^5
welch(e, -er, -es) bin^1
wenig xiu^2
wenn (zeitl.) dong^1;
  (falls) yu^4-guo^2
wer bin^1-go^3
werden xing^4-wei^4
Westen sei^1-bou^6
Wetter tin^1-héi^3
wichtig zung^6-yiu^3
wie dim^2-yêng^6
wieder zoi^3
wiederholen cung^4-fug^1
wieviel géi^2-do^1
Wind fung^1
Winter dung^1 tin^1
wir ngo^{5}déi^6
wissen ji^1-dou^3
wo bin^1-dou^6

Woche xing^1-kéi^4
woher cung^4 bin^1-dou^6
wohin hêu^3 bin^1-dou^6
wohnen ju^6
Wohnung ju^6-qu^3
wollen sêng^2
Wort qi^4
Wörterbuch qi^4-din^2
Wunde sêng^1-heo^2
wünschen zug^1

Z

zahlen gao^1 qin^4
Zahnarzt nga^4-yi^1
Zahnpasta nga^4-gou^1
zeigen ji^2-xi^6
Zeit xi^4-gan^3
Zeitung bou^3-ji^2

Zelt zêng^3-pung^4
Zentrum zung^1-sem^1
Zigarette yin^1
Zimmer fong^4
Zoll guan^1-sêu^3;
  (Station) hoi^2-guan^1
zufrieden mun^5-yi^3
Zug fo^2 cé^1
zurück fan^2-wui^4
zusammen yed^1-cei^4
zuviel tai^3 do^1
zwischen ji^1-gan^1

Wörterliste Kantonesisch – Deutsch

A

a³-zeo¹ Asien
ai¹-man⁵ Abend
an³-zeo³ Mittag

B

ba¹ (-ba¹) Vater
ba¹-xi⁶ Bus
bao¹-guo² Paket
bao² satt
bé¹-zeo² Bier
beg¹-bou⁶ Norden
béi¹-oi¹ traurig
béi² geben
béi¹-yen⁶-tou³ Kondom
béng² Gebäck
béng⁶ Krankheit; krank
béng⁶ yen⁴ Patient
bid¹-yiu³ notwendig
bin¹ welche(r,-s)
bin¹-dou⁶ wo
bin¹-gai³ Grenze
bin¹-go³ wer
bing¹ Eis
bing¹ sêng¹ Kühlschrank
biu²-gag³ Formular
bo¹-léi¹ Glas (Material)

bog³-med⁶-gun² Museum
bog⁶ dünn (Sachen)
bong¹ helfen
bong¹-mong⁴ Hilfe
bou²-him² Versicherung
bou³-ji² Zeitung
bui³-long⁴ Rucksack
bun²-zed¹ Natur
bun³ Hälfte

C

ca¹ Gabel
ca⁴ Tee
ca⁴ bui¹ Tasse
can¹-gêu⁶ Besteck
can¹-pai³ Speisekarte
can¹-téng¹ Café; Gaststätte
cé¹ Auto
cé¹ piu³ Fahrkarte
cêd¹-ging² Ausreise
cêd¹-heo² Ausgang; Ausfuhr
cêd¹-hon³ schwitzen
cêd¹-méng⁴ berühmt
cêd¹-zou¹ vermieten
cên¹ tin¹ Frühling
cên² dumm

cêng¹ Fenster
cêng³ go¹ singen
cêng³-pin² Schallplatte
ceng⁴ Etage
cêng⁴ lang
cêng⁴ Wand
ceo¹ tin¹ Herbst
co³ falsch
co⁵ sitzen
co⁵-dei¹ sich setzen
coi²-xig¹ bunt
coi³ Gemüse
coi⁴-can² Eigentum
coi⁴-liu⁶ Stoff
cong⁴ Bett
cong⁴-dan¹ (Bett-)Decke; Laken
cong⁴-sêng⁶ yung⁶-ben² Bettzeug
cou² Gras
cou⁴ laut
cung¹-lêng⁴ baden
cung¹-lêng⁴ fong⁴ Badezimmer
cung¹-ming⁴ klug
cung⁴ Insekt
cung⁴ von
cung⁴ bin¹-dou⁶ woher
cung⁴...lei⁴ aus (woher)
cung⁴-fug¹ wiederholen
cung⁴-sen¹ noch einmal

cung⁵ schwer (Gewicht)
cung⁵-lêng⁶ Gewicht

D

da² schlagen
da² din⁶ wa⁶ anrufen; telefonieren
da²-hoi¹ öffnen
da²-jiu¹-fu¹ begrüßen
da²-yiu⁵ stören
da² yu⁶-fong⁴ zem¹ impfen
dab³-cé¹ fahren (mit Bus usw.)
dai³-lei⁴ bringen
dai⁶ groß
dai⁶-hog⁶ Universität
dai⁶-hog⁶-seng¹ Student
dai⁶-koi³ etwa (ungefähr)
dai⁶-xi²-gun² Botschaft (dipl.)
dan¹ Quittung; Rechnung
dan¹-cé¹ Fahrrad
dan¹-dug⁶ allein
dan⁶ Ei
dan⁶-hei⁶ aber
ded⁶-yin⁴ plötzlich
deg¹-guog³-gé³ deutsch
deg¹-guog³ yen⁴ Deutsche(r)
deg¹-men⁴ Deutsch

deg¹-zêu⁶ beleidigen
deg⁶-bid⁶ besonders
dei¹ niedrig
déi⁶ Erde (Boden)
déi⁶-fong¹ Stelle, Ort
déi⁶-ji² Adresse
déi⁶ keo⁴ Erde
déi⁶-kêu¹ Gegend
déi⁶-tou⁴ Landkarte
deng¹ Lampe
deng¹-géi³ registrieren
deng¹ guong¹ Licht
deng² warten
déng⁶ reservieren; buchen; bestellen
dêu³ richtig
dêu³-min⁶ gegenüber
dêu³-wun⁶ wechseln (Geld)
di¹ etwas; ein bisschen
dig¹-xi⁶ Taxi
dim²-gai² warum
dim²-sem¹ Gebäck
dim²-yêng⁶ wie
din⁶ elektrisch
din⁶-bou³ Telegramm
din⁶ nou⁵ Computer
din⁶-sem¹ Batterie
din⁶-tei¹ Fahrstuhl
din⁶ wa⁶ Telefon
din⁶-xi⁶-géi¹ Fernsehgerät
do¹ mehr; viel

do¹ zé⁶ danke(n)
doi⁶ Tasche
dong¹ wenn
dong¹-gug⁶ Behörde
dou¹ Messer
dou² Insel
dou³ ankommen; Ankunft
dou³-qu³ überall
dou⁶-hib³ sich entschuldigen
dou⁶-yeo⁴ Führung (Reise-)
dug⁶ Gift
dug⁶ (vor)lesen
dün² kurz
dung¹-bou⁶ Osten
dung¹ tin¹ Winter
dung³ kalt
dung⁶-med⁶ Tier

E / F

em³ dunkel
eo¹-zeo¹ Europa
fa¹ Blume
fa¹-fei³ kosten (Preis)
fa¹-yun⁴ Garten
fad³-gog³ merken, sich
fad³-lêd⁶ Recht, Gesetz
fad³-men⁴ Französisch
fad³-xiu¹ Fieber
fad³-yem¹ Aussprache
fai³ schnell

fai³-ji² Stäbchen

fan¹-yig⁶ übersetzen; Übersetzer

fan²-wui⁴ zurück

fan⁶ Essen; Reis (gekocht)

fan⁶-dim³ Restaurant (einfach)

fan⁶-zêu⁶ Verbrechen

féi¹ fliegen

féi¹-géi¹ Flugzeug

féi¹-lem⁴ Film (Foto)

fei³ Gebühr

féi⁴ dick (Menschen)

fen¹ Minute

fen¹-lei⁵ Hochzeit

fen³-gao³ schlafen

fo²-cai⁴ Streichholz

fo² cé¹ Zug, Eisenbahn

fo² cé¹ zam⁶ Bahnhof

fong¹-hêng¹ Aroma

fong¹-hêng³ Richtung

fong¹-yin⁴ Dialekt

fong²-men⁶ Besuch; besuchen (Land)

fong³ stellen

fong³-dei¹ legen

fong³-hei² liegen

fong⁴ Raum; Zimmer

fu¹-cei¹ Ehepaar

fu² bitter

fu³ reich

fu⁶ mou⁵ Eltern

fud³ breit

fug¹-zab⁶ kompliziert

fug⁶-mou⁶ Bedienung

fun² Stil

fung¹ Wind

fung¹-ging² Landschaft

fung¹-xin³ Ventilator

fung¹-zug⁶ Brauch; Sitte

G

ga¹-hêng¹ Heimat

ga¹-ting⁴ Familie

ga¹-ting⁴ ju² fu⁵ Hausfrau

ga¹-zé² Schwester (ältere)

ga³-kéi⁴ Ferien; Urlaub

ga³-qin⁴ Preis

gai¹ Straße

gai²-xig¹ erklären

gai³-xiu⁶ sich vorstellen; empfehlen; Vermittlung

gam¹-yug⁶ Gefängnis

gan² Seife

gan²-dan¹ einfach

gao¹-bou³ Heftpflaster

gao¹ qin⁴ (be)zahlen

gao³ unterrichten; lehren

gao³-jin² Schere

gao³-tong⁴ Kirche

gêg³ Fuß

géi¹-cêng⁴ Flughafen

géi¹-piu³ Flugticket

géi²-do¹ wieviel

géi² go³ einige; paar

géi²-xi⁴ wann

géi³ schicken; senden

géi³-deg¹ erinnern, sich

géi³-nim⁶-béi¹ Denkmal

géi³-nim⁶-ben² Andenken

géi³-zé² Journalist(in)

gei³-wag⁶ Plan

gei³-xun³ rechnen

gem¹ Gold

gem¹ yed⁶ heute

gem²-gog³ Gefühl

gem²-mou⁶ erkältet sein

gem²-yêng⁶ solch(e, -er, -es)

gem³-ji² verboten

gen² fest

gen²-geb¹ dringend

geng¹ Löffel

géng¹ Angst

geng³ hou² besser

geo³-wu⁶-cé¹ Rettungswagen

geo⁶ alt (nicht neu)

gêu¹-men⁴ Einwohner

gêu³-ji² Satz (Sprache)

gib¹ Koffer

gid³-cug¹ beenden

gid³-fen¹ heiraten

gim²-ca⁴ kontrollieren

gin³ sehen

gin³ min⁶ treffen
(begegnen)
gin³-yi⁵ Rat
gin³-zug¹ bauen
gin⁶-hong¹ gesund;
Gesundheit
ging¹-léi⁵ Manager
ging¹-sêng⁴ oft
ging²-cad³ Polizei
giu³ heißen; rufen;
schreien
giu³ séng² wecken
go¹ Lied
go²-dou⁶ dort; da
go² go³ jener
go³ Stück
gog³-deg¹ fühlen, sich
goi²-dou⁶ Umleitung
gon¹ trocken
gon¹ sei² reinigen
gon¹-zéng⁶ sauber
gon²-fai³ beeilen, sich
gong¹ Fluss
gong² sprechen; sagen
gong²(-heo²) Hafen
gong² co³ sich
versprechen
gong² dai⁶-wa⁶ lügen
gou¹ hoch
gou¹-hing³ fröhlich
gou³-bid⁶ sich
verabschieden
gou³-sou³ erzählen

gu²-dung² Antiquität
gu³-xi⁶ Geschichte
(Erzählung)
guan¹-sêu³ Zoll
guei³ teuer
guei³ Jahreszeit
gui⁶ müde
gung¹ Großvater (mütterl.)
gung¹-cong² Fabrik
gung¹-din⁶ Schloss;
Palast
gung¹-héi² gratulieren
gung¹-ji¹ Lohn; Gehalt
gung¹-ngei⁶-ben²
Kunsthandwerk (Ware)
gung¹-xi¹ Firma
gung¹-yen⁴ Arbeiter(in)
gung¹-yib⁶ Industrie
gung¹-yun⁴ Park
gung¹-zog³ Arbeit
guo²-sed⁶ Frucht
guo³-yé⁶ Übernachtung
guog³ Land
guog³-jig⁶ Nationalität;
Staatsangehörigkeit
guog³ noi⁶ Inland
guog³-zei³ international
guong¹ hell
guong²-cêng⁴ Platz
(in Stadt)
guong²-gou³ Prospekt

H

ha⁶-bin¹ unten
ha⁶ qi³ nächstes Mal
ha⁶ tin¹ Sommer
ha⁶-zeo³ Nachmittag
hag³-yen⁴ Gast
hai⁴ Schuh
ham³ weinen
hang⁴ gehen
hang⁴-léi⁵ Gepäck
heb⁶-sen¹ sitzen (passen)
heg¹ Gramm
héi¹ dünn (flüssig)
héi¹-mong⁶ hoffen
héi¹-pin³ betrügen
héi²-féi¹ abfliegen
héi²-sen¹ aufstehen
héi³ Film (Kino)
héi³-cé¹ Wagen
héi³-gun¹ Organ
héi³-yun² Kino
hei⁶ ja; sein
héng¹ leicht (Gewicht)
hêng¹ Duft
hêng¹-liu⁶ Gewürz
heng⁶-wen⁶ glücklich;
Glück
heo² gon¹ Durst haben
heo⁵ dick (Sachen)
heo⁶-bin¹ hinten
heo⁶-lei⁴ danach
heo⁶ yed⁶ übermorgen

yed¹ bag³ séi³ seb⁶ ced¹ 147

hêu²-ho² Erlaubnis
hêu³ fortgehen
hêu³ bin¹-dou⁶ wohin
hêu³ dou⁶-ga³ Ferien
  verbringen
hing¹ dei⁶ Bruder
hing³-zug¹ feiern; Feier
ho²-heo² schmackhaft
ho²-neng⁴ vielleicht;
  möglich
ho²-yi⁵ können; dürfen
ho⁴ Fluss
ho⁴-bao¹ yeo⁵ Dieb
hog⁶ lernen
hog⁶-hao⁶ Schule
hog⁶-seng¹ Schüler(in)
hoi¹ abfahren
hoi¹-cé¹ fahren (selbst)
hoi¹-cé¹ xi⁴-gan³-biu²
  Fahrplan
hoi¹-qi² anfangen
hoi¹-sem¹ sich freuen
hoi² Meer; See
hoi²-guan¹ Zoll (Station)
hoi²-tan¹ Strand
hong⁶ Gasse
hou² gut
hou² fai³ bald
hou² hou² ausgezeichnet
hou³-hag³
  Gastfreundschaft
hou³-kéi⁴ neugierig
hou⁶-ma⁵ Nummer

hung¹ Brust
hung¹ leer

J

ji¹-dou³ wissen
ji¹-gan¹ zwischen
ji¹-piu⁴ Scheck
ji¹-qin⁴ (be)vor
ji¹-sên¹ Auskunft
ji² Papier
ji²-hei⁶ nur
ji² mui⁶ Geschwister
ji²-xi⁶ zeigen
ji⁶ Schrift
ji⁶-cung⁴ seit
ji⁶-géi² selbst
ji⁶-liu⁴ behandeln (Krankh.)
ji⁶-mou⁵ Buchstabe
ji⁶-yeo⁴ Freiheit
ji⁶-yin⁴ natürlich
  (n. künstlich)
jib³-doi⁶ empfangen
jid³-mug⁶ Programm
jid³ yed⁶ Fest
jig¹-cug¹ sparen
jig¹-heg¹ sofort
jig¹-yib⁶ Beruf
jig¹-yun⁴ Angestellte(r)
jig⁶-dou³ bis
jig⁶ hang⁴ geradeaus
jig⁶-med⁶ Pflanze

jin²-lam⁵ Ausstellung
jing³-gêu³ Beweis
jing³-gin⁶ Ausweis
jing³-ji⁶ Politik
jing³-sêng⁴ normal
jing⁶ Ruhe
ju² kochen
ju² yen⁴ Gastgeber
ju⁶ wohnen; bleiben
ju⁶-qu³ Unterkunft;
  Wohnung

K

kég⁶-yun² Theater
kéi⁴-pou⁴ Kleid
  (traditionell)
kéi⁴-yu⁴ übrig
kéi⁵ stehen
kem⁴-yed⁶ gestern
ken⁴-lig⁶ fleißig
ken⁵ nah
kêng⁴ stark
kéu² er; sie (Ez.)
kéu⁵déi⁶ sie (Mz.)
kéu⁵déi⁶-gé³ ihr(e) (Mz.)
kéu⁵-gé³ sein(e);
  ihr(e) (Ez.)
kiu⁴ Brücke
küd³-dim² Fehler
küd³-ding⁶ sich
  entscheiden

kung⁴ arm

lab⁶-sab³ Müll
lad⁶ scharf (Geschmack)
lam⁶ Seil
lan⁵ faul (träge)
lang⁵ kühl
lei⁴ kommen
lei⁵-med⁶ Geschenk
lei⁵-ji² Beispiel
léng³ hübsch; schön
leo⁴ Gebäude
leo⁴-gem² Grippe
leo⁴-tei¹ Treppe
lêu⁵-dim³
  Hotel (einfach)
lêu⁵-hang⁴ reisen; Reise
lêu⁵-hang⁴-sé⁵
  Reisebüro
lig⁶-xi² Geschichte
  (Historie)
lin⁶-zab⁶ üben
ling⁵-xi⁶-gun² Konsulat
log⁶-cé¹ aussteigen
log⁶-heo⁶ rückständig
lou⁵ alt (nicht jung)
lou⁵-xi¹ Lehrer(in)
lou⁶ Weg
lung¹ Loch

m⁴ nicht(s)
m⁴ géi³-deg¹ vergessen
m⁴ gin³-zo² verlieren
  (Dinge)
m⁴-goi¹ danken
m⁴-xu¹-fug⁶ schlecht
  (Gefühl)
m⁴ ying⁶-xig¹ unbekannt
ma¹ (-ma¹) Mutter
ma⁴ Großmutter (väterl.)
ma⁵ Größe (Kleidung)
mai⁴-yun³ sich
  beschweren
mai⁵ kaufen
mai⁶ verkaufen
man⁵-fan⁶ Abendessen
man⁶ langsam
man⁶-yeo⁴ wandern
med¹-yé⁵ was
méi⁴-xiu³ lächeln
mei⁵ Reis (roh)
méi⁶ niemals
méi⁶-dou⁶ Geschmack
méi⁶-fen¹ ledig
men¹ Mücke
men⁴ Sprache
men⁴-gin⁶ Dokument
men⁵ küssen
men⁶ fragen
men⁶-heo⁶ grüßen
men⁶-tei⁴ Frage

méng⁴ (Vor-)Name
méng⁶ Leben
meo⁶-yig⁶ Handel
min⁵-fei³ kostenlos
min⁶-bao¹ Brot
ming⁴-bag⁶ verstehen
ming⁴-sên³-pin²
  Postkarte
ming⁴-xing³-gu²-jig¹
  Sehenswürdigkeit
miu⁵ Sekunde
mo¹-tog³ Motorrad
mou⁴-liu⁴ langweilig
mou⁴-zêu⁶ unschuldig
mou⁵ ohne
mou⁵ qu³ nirgendwo(hin)
mou⁵ yen⁴ niemand
mug⁶ Holz
mui⁵ jeder
mui⁵ nin⁴ jährlich
mui⁵ qi⁶ jedesmal
mui⁵ yed⁶ täglich
mui⁶ (jüngere) Schwester
mun⁴ Tür
mun⁵ voll
mun⁵-yi³ zufrieden

nam⁴-bou⁶ Süden
nam⁴ yen⁴ Mann (allg.)
nam⁴-zei² Junge

nan⁴ schwierig
nan⁴-tei⁴ Problem
nan⁶ kaputt; faul (Obst)
néi⁵ du; Sie
néi⁵déi⁶-gé³ euer(e);
  Ihr(e) (Mz.)
néi⁵-gé³ dein(e);
  Ihr(e) (Ez.)
nêu⁵ Tochter; weiblich
nêu⁵-zei² Mädchen
ng⁵-fan⁶ Mittagessen
nga⁴-gou¹ Zahnpasta
nga⁴-yi¹ Zahnarzt
ngan⁵ géng³ Brille
ngang⁶ hart
ngei⁴-him² gefährlich
ngei⁶-sêd⁶ Kunst
ngen⁴ Silber
ngen⁴-hong⁴ Bank
ngo⁵ ich
ngo⁵déi⁶ wir
ngo⁵déi⁶-gé³ unser(e)
ngo⁵-gé³ mein(e)
ngoi⁶-guog³ Ausland
ngoi⁶-guog³-gé³
  ausländisch
ngoi⁶-guog³ yen⁴
  Ausländer
ngoi⁶-hong⁴ fremd
ngoi⁶-wui⁶ Valuta,
  Devisen
ni¹-dou⁶ hier
ni¹-go³ diese(r, -s)

nin⁴ Jahr
nin⁴-ling⁴ (Lebens-)Alter
nin⁴-qing¹ jung
noi⁶ lange (Zeit)
nün⁵ warm
nung⁴-men⁴ Bauer
nung⁴-yib⁶
  Landwirtschaft

O

oi³ lieben
oi³-sêng⁵ verlieben, sich
on¹-qun⁴ sicher
Ou³-déi⁶-léi⁶ yen⁴
  Österreicher(in)

P

pa³ sich fürchten
pao² laufen, rennen
péng⁴ billig
peng⁴-yeo⁵ Freund(in)
piu³ Karte
piu³-ga³ Fahrpreis
po⁴ Großmutter (mütterl.)
pong⁴-bin¹ neben
pui⁴-tung⁴ begleiten

Q

qi³-ji² Toilettenpapier
qi³-so² Toilette
qi⁴ spät
qi⁴ Wort
qi⁴-din² Wörterbuch
qi⁴-dou³ sich verspäten
qi⁴-zug⁶ dauern
qim¹-méng⁴
  unterschreiben
qin⁴ Geld
qin⁴-bin¹ vorne
qin⁴ yed⁶ vorgestern
qing² bitten; Bitte
qing⁴-fed⁶ Strafe
qiu¹-guo³ über (zeitlich)
qiu⁴-doi⁶ Dynastie
qiu⁴-seb¹ feucht
qu³-fed⁶ bestrafen
qu⁴-fong⁴ Küche
qun¹ Dorf
qun⁴-bou⁶ alles; ganz

S

sa¹ Sand
sad³ töten
sam¹ Kleidung
san¹ Berg
san¹-meg⁶ Gebirge

san³-bou⁶
 spazierengehen

sang² Provinz

sé² schreiben

sé² ji⁶ leo⁴ Büro

sé⁵-wui⁵ Gesellschaft

seb¹ nass

ség⁶ Stein

sei¹-bou⁶ Westen

sei¹-can¹ Essen (westl.)

sei² waschen

sei² brauchen

séi² sterben

sei³ klein

sei³-lou⁶ Kind (allg.)

sem¹ tief

sem¹ (-zong⁶) Herz

sem¹-lem⁴ Wald

sen¹ neu

sen¹-men⁴ Nachricht

sen¹-qing² beantragen

sen¹-xin¹ frisch

sên¹-men⁶ sich
 informieren

sên³ glauben; Brief

sên³-fung¹ Briefumschlag

seng¹ roh

seng¹-guo² Obst

seng¹-wud⁶ leben

seng¹ yed⁶ Geburtstag

seng¹-yi³ Geschäft
 (Tätigkeit)

sêng¹ verletzt; Verletzung

sêng¹-ben² Ware

sêng¹-dim³ Geschäft
 (Laden)

sêng¹-heo² Wunde

séng² aufwachen

sêng² denken; wollen

sêng²-zêng⁶ vorstellen
 (Imagination)

sêng³-géi¹ Fotoapparat

sêng⁴-xi³ versuchen

sêng⁶-bin¹ oben; auf

sêng⁵-cé¹ einsteigen

sêng⁶-dei³ Gott

sêng⁶-zeo³ Vormittag

seo¹ nehmen

seo¹-dou³ erhalten

seo¹-fun²-qu³ Kasse

seo¹-gêu³ Beleg

seo¹-gin⁶ yen⁴
 Empfänger

seo¹-léi⁵ reparieren

seo¹-yeb⁶ verdienen
 (Geld)

seo¹-yem¹-géi¹
 Radio(gerät)

seo¹-zab⁶ sammeln

seo²-ji² Finger

seo²-xig¹ Schmuck

seo³ dünn; mager

sêu² Wasser

sêu² bui¹ (Trink-)Glas

sêu⁶-fong⁴ Schlafzimmer

sêu⁶-xi⁶ yen⁴
 Schweizer(in)

so²-xi⁴ Schlüssel

sou³-lêng⁶ Menge,
 Quantität

sug⁶-xig¹ bekannt

sug⁶-yen⁴ Bekannte(r)

sung³ bringen

sung³ Speise

tab³ Turm

tai³ do¹ zuviel

tai³(-tai³) (Ehe-)Frau

tai³-yêng⁴ Sonne

tam³ Besuch; besuchen

tam⁴-wa⁶ Gespräch

tei² anschauen;
 (durch)lesen

tei⁴-yi⁵ vorschlagen

têng¹ hören

tib¹-xi² Trinkgeld

tim⁴ süß

tin¹-héi³ Wetter

tin⁴ Feld

ting¹-yed⁶ morgen

ting⁴ halten

ting⁴-ji² aufhören

ting⁴-leo⁴ Aufenthalt

tiu³-mou⁵ tanzen
toi⁴ tragen
toi⁴-héi² heben
tong¹ Suppe
tou²-ga³-wan⁴-ga³
  feilschen
tou⁴-qi⁴ Porzellan
tou⁵-ngo¹ Durchfall
tou⁵-ngo⁶ hungrig sein
tung¹-guo³ durch;
  hindurch
tung¹-ji¹ Information;
  benachrichtigen
tung³ schmerzen; Schmerz
tung⁴ und
tung⁴-yi³ einverstanden

U / W

ug¹ Haus
ug¹-déng² Dach
wa² Bild
wa⁶ Rede
wag⁶ malen
wag⁶-zé² oder
wai⁴-yen⁶ schwanger
wan¹ lou⁶ Umweg
wan² spielen
wan⁴-ging² Umwelt
wei²-heo² Appetit
wei⁴-fan² gegen
wei⁶ (Sitz-)Platz

wei⁶-ji³ (geogr.) Lage
wei⁶-seng¹ gen¹
  (Damen-)Binde
wei⁶-seng¹ tiu⁴ Tampon
wen² suchen
wen²-dou³ finden
wen⁵-hêu² erlauben
wen⁶-dung⁶ Sport
wo⁴-ping⁴ Frieden
wong⁴-dei³ Kaiser
wu¹-zou¹ schmutzig
wu⁴ See
wu⁶-jiu³ Pass
wu⁶-sêng¹ einander
wu⁶-xi⁶ Krankenschwester
wui⁴-dab³ antworten;
  Antwort
wui⁴-qing⁴ Rückfahrt
wui⁵ können (Fähigkeit)
wui⁶-fun² Überweisung
wun⁶ umtauschen
wun⁶-gêu⁶ Spielzeug

X

xi¹-ceo⁴ Seide
xi¹-géi¹ Chauffeur
xi¹-yen⁴ privat
xi³ méi⁶ kosten
  (probieren)
xi⁴-gan³ Zeit
xi⁴-heo⁶ während

xi⁴-hing¹ Mode
xi⁵-cêng⁴ Markt
xi⁵-men⁴ (Staats-)Bürger
xi⁶ Sache; Angelegenheit
xi⁶-feo² ob
xi⁶-gin⁶ Ereignis
xi⁶-gu³ Unfall
xi⁶ qin⁴ vorher
xig¹ kennen
xig¹ Farbe
xig⁶ essen
xig⁶-ben² Lebensmittel
xig⁶ yin¹ rauchen
xig⁶ zou² can¹
  frühstücken
xin¹-seng¹ (Ehe-)Mann;
  Herr
xin³ Faden
xing¹ Stimme
xing¹-kéi⁴ Woche
xing³ Familienname
xing⁴-gung¹ Erfolg
xing⁴-hen² herzlich
xing⁴-sug⁶ reif
xing⁴-wei⁴ werden
xing⁴-xi⁵ Stadt
xiu¹-zeo² Schnaps
xiu² wenig
xiu²-zé² Fräulein
xiu³ lachen
xu¹ Buch
xu¹-fug⁶ bequem
xu¹-xig¹ gemütlich

xu⁶ Baum
xun¹ Enkel(in)
xun¹ sauer (Geschmack)
xun⁴ Fähre; Schiff

Y

ya⁵ auch
yé⁴ Großvater (väterl.)
yé⁵ Ding
yé⁶-man⁵ Nacht
yé⁶-xi⁵ Nachtmarkt
yé⁶-zung²-wui⁵
  Diskothek
yeb⁶-cêng⁴ piu³
  Eintrittskarte
yeb⁶-ging² Einreise
yeb⁶-heo² Eingang
yeb⁶-lei⁴ eintreten
yed¹-cei⁴ zusammen
yed¹-dêu³ Paar
yed¹ qi³ einmal
yed⁶ Tag
yed⁶-kéi⁴ Datum
yêg³-ding⁶ sich
  verabreden
yêg³-wui⁶ Verabredung
yêg⁶ Medikament
yêg⁶ fong⁴ Apotheke
yêg⁶-gou¹ Salbe
yêg⁶-min⁴ Watte
yêg⁶-yun² Tablette

yem¹-ngog⁶ Musik
yem¹-ngog⁶ wui⁵
  Konzert
yem² trinken
yem²-ben² Getränk
yem² zêu³ betrunken
yen¹-wei¹ weil
yen⁴ Mensch; Leute; man
yen⁴-men⁴ Volk
yen⁵-yen⁴-yeb⁶-xing³
  interessant
yeo¹-wei⁶ Ermäßigung
yeo¹-xig¹ Pause
yeo¹-yêng⁵ sich erholen
yeo⁴ Öl
yeo⁴-bao¹ Päckchen
yeo⁴-gug⁶ Postamt
yeo⁴-lam⁵ besichtigen
yeo⁴-piu³ Briefmarke
yeo⁴-sêu² schwimmen
yeo⁴-wing⁶ fu³ Badehose
yeo⁴-wing⁶ yi¹ Badeanzug
yeo⁴-yu¹ wegen
yeo⁵ haben
yeo⁵-cêu³ lustig
yeo⁵-hao⁵ gültig
yeo⁵-hou² freundlich
yeo⁵-lei⁵ höflich
yeo⁵-xi⁴ manchmal
yeo⁵ yen⁴ jemand
yeo⁵-yi⁴ Freundschaft
yeo⁵-zêu⁶ schuldig
yeo⁶-bin¹ rechts

yi¹-seng¹ Arzt (Ärztin)
yi¹-yun² Krankenhaus
yi³-gin³ Beschwerde
yi³-xi¹ Bedeutung
yi⁴-ga¹ jetzt
yi⁵-ging¹ schon
yib⁶-ju² Besitzer
yid⁶ heiß
yig¹-wag⁶ oder
  (im Fragesatz)
yim⁴ Salz
yin¹ Zigarette; Tabak
yin⁴-heo⁶ dann
yin⁶-gem¹ Bargeld
ying¹-goi¹ sollen
ying¹-guog³-gé³ englisch
ying¹-guog³ yen⁴
  Engländer(in)
ying¹-men⁴ Englisch
ying² sêng³ fotografieren
yiu¹-qing² einladen;
  Einladung
yiu³ müssen; brauchen
yu⁴ Fisch
yu⁴-fai³ sich vergnügen
yu⁴-guo² wenn; falls
yu⁴-log⁶ Unterhaltung
yu⁵ Regen
yu⁵ fad³ Grammatik
yu⁵-yin⁴ Sprache

yu⁶-bud⁶ hou⁶-ma⁵ Vorwahlnummer

yud⁶ Monat

yug⁶ Fleisch

yun⁴ Ende

yun⁴ bed¹ Bleistift

yun⁴-xing⁴ fertig

yun⁵ fern; weit

yung⁴-héi³ Gefäß

yung⁶ benutzen

Z

zab⁶-guan³ Tradition; sich gewöhnen (an)

zag³ eng

zam⁶ Haltestelle

zam⁶-toi⁴ Bahnsteig

zé¹ Regenschirm

zé³ sich leihen (von)

zed¹-lêng⁶ Qualität

zêg³ Vogel

zei² Sohn

zei² nêu⁵ (eigenes) Kind

zem¹ Nadel

zen¹ wahr

zen¹-gé³ echt

zên¹ Flasche

zên²-béi⁶ vorbereiten

zên²-kog³ genau

zên²-xi⁴ pünktlich

zên³-heo² Einfuhr

zêng¹ Blatt (Papier)

zeng¹-cao² streiten

zêng³-pung⁴ Zelt

zeo¹-wei⁴ Umgebung

zeo² abreisen; verlassen

zeo²-dim³ Hotel (besser)

zeo²-ga¹ Restaurant (besser)

zo²-bin¹ links

zoi³ wieder

zou¹ mieten

zou² früh

zou² Gruppe

zou² can¹ Frühstück

zou²-jig¹ organisieren

zou⁶ machen; tun

zou⁶-gung¹ arbeiten

zug¹ wünschen

zug¹-geo³ genug

zung¹ Uhr; Stunde

zung¹-guog³-gé³ chinesisch

zung¹-guog³ yen⁴ Chinese; Chinesin

zung¹-men⁴ Chinesisch

zung¹-sem¹ Zentrum

zung¹-yi³ gern

zung²-hei⁶ immer

zung²-sou³ Summe

zung⁶ noch

zung⁶-yiu³ wichtig

Kauderwelsch Sprechführer für die Region

M.L. Latsch, H. F.-Latsch
Hochchinesisch
ISBN 978-3-89416-459-1

K. Sommer, Xie Shu-Kai
Taiwanisch
ISBN 978-3-89416-348-8

F. Reissinger
Tibetisch
ISBN 978-3-89416-541-3

A. Günther
Mongolisch
ISBN 978-3-89416-258-0

M. Lutterjohann
Japanisch
ISBN 978-3-89416-049-4

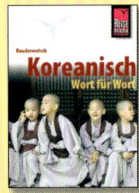

D. & A. Haubold
Koreanisch
ISBN 978-3-89416-022-7

M. Lutterjohann
Thai
ISBN 978-3-89416-457-7

M. Heyder
Vietnamesisch
ISBN 978-3-89416-251-1

M. Lutterjohann
Malaiisch
ISBN 978-3-89416-047-0

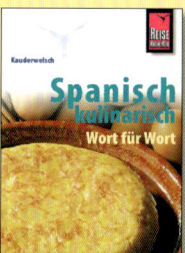

Die Reihe KulturSchock

vermittelt dem Besucher einer fremden Kultur wichtiges Hintergrundwissen. Themen wie Alltagsleben, Tradition, richtiges Verhalten, Religion, Tabus, das Verhältnis von Frau und Mann, Stadt und Land werden nicht in Form eines völkerkundlichen Vortrages, sondern praxisnah auf die Situation des Reisenden ausgerichtet behandelt. Der Zweck der Bücher ist, den Kulturschock weitgehend abzumildern oder ihm gänzlich vorzubeugen. Damit die Begegnung unterschiedlicher Kulturen zu beidseitiger Bereicherung führt und nicht Vorurteile verfestigt.

H. Chen
KulturSchock
China (VR und Taiwan)
276 Seiten, € 14,90 [D]
ISBN 978-3-8317-1075-1

M. Heyder
KulturSchock
Vietnam
336 Seiten, € 14,90 [D]
ISBN 978-3-8317-1629-6

M. Lutterjohann
KulturSchock
Japan
240 Seiten, € 14,90 [D]
ISBN 978-3-8317-1624-1

B. David
KulturSchock
Indonesien
348 Seiten, € 14,90 [D]
ISBN 978-3-8317-1841-2

R. Krack
KulturSchock
Thailand
264 Seiten, € 14,90 [D]
ISBN 978-3-8317-1633-3

S. Samnang
KulturSchock
Kambodscha
264 Seiten, € 14,90 [D]
ISBN 978-3-8317-1294-6

Auch als Hörbuch!
www.reise-know-how.de

World Mapping Project™

Das world mapping project™ ist eine Synthese aus hochkarätigem kartographischen Handwerk, technologischem Know-How und lebendigem Abenteuergeist.

China
1 : 4 000 000
978-3-8317-7208-7
€ 8,90 [D]

China Ost
1 : 2 700 000
978-3-8317-7132-5
€ 8,90 [D]

China West
1 : 2 700 000
978-3-8317-7163-9
€ 8,90 [D]

Tibet
1 : 1 500 000
978-3-8317-7085-4
€ 8,90 [D]

Mongolei
1 : 1 600 000
978-3-8317-7153-0
€ 8,90 [D]

www.reise-know-how.de